SOUVENIRS CONTEMPORAINS.

LA

CONSPIRATION

DE GRENOBLE.

Quorum pars magna fui.

DIGNE,

Mme Ve A. GUICHARD, IMPRIMEUR.

PLACE DE L'ÉVÉCHÉ, 7.

1841.

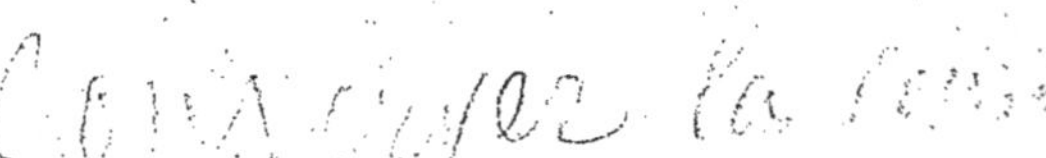

SOUVENIRS CONTEMPORAINS.

LA
CONSPIRATION DE GRENOBLE.

Quorum pars magna fice.

Parmi les événements qui ont signalé les premières et calamiteuses années de la restauration, le mouvement insurrectionnel qui a éclaté aux portes de Grenoble, en mai 1816, précisément au moment où la France gémissait, humiliée sous le poids de l'occupation étrangère, a été, sans contredit, un des plus remarquables et des plus graves épisodes de cette époque déplorable; épisode moins grave cependant encore par l'importance du mouvement en lui-même et par les sanglantes exécutions auxquelles il a servi de prétexte, que par le mystère qui a environné et qui environne peut-être encore les auteurs et le but de cette audacieuse entreprise.

Le chef apparent de la conspiration a été Paul Didier; son but avoué, le rétablissement de Napoléon II; mais les uns ont prétendu que Didier avait été, sans le vouloir, l'instrument du ministre Decazes, qui voulait compromettre les ultra-royalistes et briser la majorité factieuse de la chambre introuvable; les autres on dit que les ultra-royalistes avaient favorisé sous main le complot de Didier afin de perdre M. Decazes, de détruire la charte et d'amener l'abdication de Louis XVIII au profit du comte d'Artois; d'autres enfin, ont avancé que Didier n'avait agi que sous les inspirations du *comité de l'indépendance nationale*, connu depuis sous le nom de *comité directeur*, et dont le but était, dit-on, d'accord avec l'Angleterre, qui voyait avec peine Louis XVIII incliner vers l'alliance Russe, de placer sur le trône Louis-Philippe, aujourd'hui Roi des Français.

Au milieu de ces assertions contradictoires, une opinion à laquelle doivent se rallier toutes les convictions consciencieuses, est celle que l'idée de renverser un gouvernement, alors appuyé par la présence de 700,000 bayonnettes étrangères, était au moins une insigne folie, sinon un abominable guet-apens; et que les magistrats qui, chargés du maintien de la paix publique, ont sciemment toléré, sinon favorisé l'organisation du complot, afin de se ménager le profit d'une répression à jamais déplorable, ont justement encouru la flétrissure de l'histoire et l'exécration de la postérité.

Témoin oculaire de l'insurrection, impliqué sans l'avoir voulu, dans les machinations qui l'ont précédée, je veux essayer de soulever un des coins du voile qui couvre encore ce point important de notre histoire contemporaine.

Il est d'ailleurs un autre fait encore inexpliqué et que je tiens à éclaircir : Didier, devant la cour prévôtale, a attribué l'insuccès de son entreprise au manque de parole des douaniers qui, disait-il, lui avaient promis leur concours, et n'ont pas paru au rendez-vous; et comme à l'époque où le complot a éclaté, je me trouvais momentanément investi du pouvoir d'accorder ou de refuser ce concours, je suis plus que tout autre en mesure de prouver qu'il n'a jamais existé de rapport direct entre les douaniers et Didier; que si de vagues ouvertures leur ont été faites, elles ne l'ont été que par des agents obscurs qui ne prononçaient pas même son nom; que le concours demandé au dernier moment a été positivement et nettement refusé; et qu'enfin, placés, par de dangereuses confidences que nous n'avions pas recherchées, dans la position la plus dangereuse et la plus délicate où des hommes d'honneur puissent se trouver, nous n'avons rien fait qui n'ait été strictement commandé par la prudence la plus vulgaire et par le patriotisme le plus désintéressé.

Nous savons bien qu'en nous isolant, comme nous l'avons fait, de l'autorité et des partis; qu'en gardant une espèce de neutralité au milieu de la sur-excitation générale qui régnait alors, nous nous exposions à mécontenter tout le monde; mais il ne nous convenait pas plus d'être les complices d'une administration réactionnaire, que les instruments d'une intrigue ou d'un parti, et nous n'ignorions pas que si de perfides insinuations pouvaient oser nous poursuivre dans l'ombre, le jour de la vérité et de la rémunération arriveraient pour tout le monde, et que le pays nous récompenserait alors de n'avoir consulté que la froide raison, ses véritables intérêts.

Il m'importe d'abord de bien établir dans quel esprit et dans quel but a été écrit ce mémoire, et il suffira pour cela de reproduire ici un extrait de la lettre que j'ai adressée à ce sujet le 2 juin 1841 à un journal qui, trompé par des renseignements incomplets, avait dit que Paul Didier voulait organiser une nouvelle *Jacquerie*, ce qui lui a valu, de la part de M. Didier fils, une lettre qui a été reproduite par plusieurs journaux de l'opposition.

» Que pour mieux déchirer la main qu'on leur a trop généreusement tendue, que pour laver leur parti de l'odieux d'avoir provoqué par ses excès le complot de Didier, les légitimistes accusent le roi d'avoir conspiré avec lui ; cela n'a rien qui doive surprendre, c'est la guerre, guerre de scandale et de mauvaise foi sans doute. C'est de la guerre de parti et c'est tout dire. Mais que le fils de l'un des plus illustres martyrs de la sainte cause de l'indépendance nationale, vienne, emporté par une douleur d'ailleurs bien légitime, prêter aux calomnies intéressées d'un parti, le secours de ses insinuations plus injustes encore que cruelles, c'est ce que doivent déplorer, comme une calamité publique, tous les amis de cette indépendance et de l'honneur du pays.

» Non, il n'a pas voulu de *Jacquerie* celui dont le mot de ralliement était : pas de *Jacquerie* ; celui dont le caractère religieux, les sentiments monarchiques, les principes organisateurs étaient antipathiques à l'anarchie, non, Didier ne voulait pas du brigandage et de la désorganisation, lui que pour prévenir toute réaction, pour préserver de toute atteinte les personnes et les propriétés, avait pris les précautions les plus sévères et les plus sages.

» Non, Didier qui a conspiré ouvertement pour l'indépendance nationale, au nom de Napoléon II, le seul qui ait été prononcé par lui, le seul qui ait figuré dans ses proclamations, le seul capable, en un mot, d'émouvoir alors la fibre populaire, n'a pas plus, à Grenoble qu'à Lyon, conspiré pour le duc d'Orléans, aujourd'hui Roi des Français, dont le nom n'a été prononcé en 1816, ni par Didier, ni par aucun de ses affidés.

» Non, le roi n'a pas plus mérité le reproche que lui ont fait les légitimistes, d'avoir comblé de faveurs la famille de Didier, qu'il ne mérite le reproche d'ingratitude qu'on lui adresse au nom de cette famille à laquelle il ne devait rien.

» Dirigée contre un gouvernement soutenu par 700,000 bayonnettes étrangères et qui tenait tous les fils de la conspiration, l'entreprise de Didier a été l'idée la plus folle qui ait jamais traversé le cerveau d'un homme d'esprit et de cœur. Didier a été, sans le savoir, l'appeau dont la police de la restauration s'est servie pour groupper les mécontentements soulevés, comme à plaisir, par les aveugles fureurs des ultra-royalistes, pour les faire éclater en un complot qu'elle voulait punir, afin de préparer ainsi le coup de bascule du 5 septembre 1816 qui, en prononçant la dissolution de la chambre introuvable, a chassé les ultra-royalistes du pouvoir et fondé le parti constitutionnel.

» Les faveurs dont quelques membres de la famille de Didier ont été l'objet depuis 1830, si l'on veut donner le nom de faveurs à la récompense du talent et du mérite, ont été accordées à la sollicitation des anciens amis politiques du fou sublime qui, quelle que soit la bannière sous laquelle il ait marché, n'en a pas moins payé de sa tête son dévouement aveugle à la cause de l'indépendance nationale ; et l'intervention du roi n'y a été pour rien. »

Je vais en premier lieu faire connaître quelle était, lorsque la conspiration éclata, la situation du département de l'Isère, et j'emprunterai, dans ce but, quelques détails à un mémoire publié dans le temps, sous le titre de : *Grenoble en* 1816, par M. Rey, aujourd'hui conseiller à la cour royale de cette ville :

» Le glas de Waterloo venait de sonner et les Autrichiens, restés jusques-là inoffensifs, malgré les instances des commissaires royaux, MM. de Polignac et Maccarty qui, avec un transfuge de l'armée impériale, devenu leur aide-de-camp, suivaient les bagages de nos prétendus alliés, se décidèrent enfin, quand ils virent la cause de Napoléon perdue, à marcher sur Grenoble, avec l'intention de s'en emparer.

» La cité, abandonnée à la seule défense des habitants, soutint un siége ; tout citoyen devint soldat, les vieillards et les enfants portaient des munitions à leurs fils, à leurs pères ; les femmes, ce sexe délicat dont la faiblesse devait faire espérer peu de secours, triomphe de sa timidité, et animé par le sentiment de la patrie, il se tient au pied du rempart, prêt à recevoir et à panser nos blessés. Les assaillants sont étonnés de ce courage inattendu ; le feu de l'artillerie, quoique dirigé par une jeunesse inexpérimentée, les déconcerte. Ils s'avouent vaincus et demandent quartier pour enterrer leurs morts ; mais on apprend que Louis XVIII est rentré dans la capitale, on se soumet. La défense est désormais inutile, on capitule, et les portes sont ouvertes. Le premier soin du général autrichien est de rendre hommage à la bravoure des habitants : « Brave garde nationale, leur dit-il, vous vous êtes couverte de gloire ! Il est stipulé qu'elle conservera ses armes et ses drapeaux. »

» Après l'entrée des Autrichiens, l'administration du département est confiée à une commission nommée par l'étranger ; la police à un substitut du parquet; alors commence une réaction aveugle, cruelle : mises en surveillance, proscriptions, exils, emprisonnements, rien n'est épargné pour agir par la terreur sur une population dont le patriotisme était un sujet d'ombrage pour le pouvoir ; l'arrivée du préfet, M. de Montlivault, qui venait succéder à l'administration provisoire, faisait espérer un retour à la modération; malheureusement cette espérance ne devait pas se réaliser.

» Le premier acte du nouvel administrateur fut équivoque, disait M. Rey, il n'accorda qu'une demi-satisfaction aux habitants ; les nombreuses mises en surveillance furent levées, mais avec certaines restrictions qui déplurent, parce qu'elles n'étaient ni justes, ni fondées sur les lois.

» L'établissement d'un commissariat général de police vint ajouter aux moyens de surveillance, en augmentant le nombre des agents et des espions, il augmenta aussi celui des délateurs.

» On prétendait qu'outre cette police avouée, il y en avait une plus obscure dont l'activité n'était pas moins dangereuse, et le public allait jusqu'à en désigner les chefs.

» Une société se forma des mêmes individus qui, sous le titre de *France régénérée*, moitié publique, moitié secrète, eut ses statuts, sa police, et devait bientôt dominer les autorités locales, les diriger et les pousser à des actes extrêmes.

» Nul ne manqua de dénonciateur, s'il avait un ennemi, ou s'il avait une place à perdre.

» Les destitutions se multiplièrent, le nombre des percepteurs, privés de leurs recettes, s'éleva à 70 ou 80, et c'est surtout dans le département de l'Isère que la liste des fonctionnaires éliminés aurait pu *former un volume*.

» On paraissait prendre à tâche de répandre le mécontentement dans toutes les classes du peuple.

» Tantôt affectant des craintes sur la tranquillité de quelques communes, on les désarmait, on s'y livrait à des mesures propres à contrister les habitants ; on allait jusqu'à faire feu, ainsi que cela s'est vu au Thouvet et à la Chapelle du Bar, sur des malheureux paysans qui refusaient de crier *vive le roi !*

» Un corps d'hommes à cheval avait été organisé par le préfet ; il se composait de nobles et d'hommes connus par l'exaltation de leur royalisme, et était chargé de parcourir le département, où il se livrait à toutes les brutalités d'un arbitraire aveugle et sans frein ; et on appelait cela intimider les factions !....

» C'est ainsi que par tous les genres de vexations on était parvenu, depuis près d'une année, à aigrir les esprits : de tels administrateurs ressemblent à des furieux qui, un tison à la main, portent la flamme et l'incendie de toutes parts, et on accuse les peuples !....

» Que dans un pareil moment un homme hardi se présente, qu'il cherche à réunir ces éléments de discorde, ces germes de mécontentement, qu'il veuille s'en emparer pour les diriger ? Il le pourra sans peine. — Or, cet homme se présenta, *parce qu'on le voulut bien*, et une révolte qu'on voyait se préparer d'avance et qu'on avait mille moyens de prévenir, éclata.

» Cet homme était Didier, et une notice publiée l'année dernière par M. Peuchet, ancien secrétaire général de la préfecture de police, va nous fournir quelques détails curieux sur cet homme extraordinaire.

» Paul Didier naquit à Upie, département de la Drôme, en 1758. Né dans la classe bourgeoise, mais au-dessus de sa position par la grandeur de son caractère, il étudia le droit, fut reçu avocat, plaida avec succès et jeta, dès ce moment, par son énergique éloquence et le déploiement de sa haute capacité, les fondemenst de cette influence qui, depuis, lui fit croire qu'il pourrait lutter contre le pouvoir royal.

» Dès 1788, et sous le ministère déplorable de Brienne, Paul Didier se signala parmi les agitateurs de la province. L'an d'après, il assista à la célèbre assemblée de Vizille, regardée par beaucoup comme le berceau de la révolution française.....

» Ami de Mounier, de Barnave, Didier partagea tout ensemble leurs illusions et leurs désappointements ; trompé comme eux par le spectacle des désastres que lui-même avait contribué à appeler sur sa patrie, il revint, ainsi que ces deux hommes d'état, aux principes monarchiques. Poursuivi par les Jacobins, il fut contraint d'émigrer en 1793, ne reparut à Grenoble qu'après le 9 thermidor, mais alors *pour poursuivre sans relâche et sans pitié les sans-culottes ses ennemis*.

» Il fut, à la même époque, investi des pouvoirs de commissaire royal, et correspondit un instant avec le cabinet ambulant de Louis XVIII.

» Après le 18 brumaire, il multiplia ses voyages à Paris ; Portalis alors le protégeait, mais cette protection était stérile. Didier, impatient de cette condition mixte et dans l'espoir d'obtenir, peut-être par des révélations, l'importance qu'on semblait dénier à sa personne, s'adressa sans intermédiaire à Bonaparte. Celui-ci fut satisfait apparemment, car après une audience accordée à Didier, l'ancien avocat reçut sa nomination de professeur à l'école de droit de Grenoble. Ceci eut lieu après, qu'en 1802, il eut mis au jour une brochure qui fit beaucoup du bruit. Elle était intitulée : *Retour à la religion* ; la police, dit-on, donna le plan et paya la forme de l'ouvrage.

» A l'époque de la création de l'université, Didier fut destitué sans qu'on en ait jamais bien connu la cause. M. Peuchet prétend que, dès cette époque, il s'était abouché avec un agent du parti Orléaniste, et qu'ayant été dénoncé à la police impériale ; le gouvernement, sans trop vouloir l'inquiéter, se contenta de lui enlever ses fonctions. Rentré dans la vie privée, il se livra à diverses spéculations qui ne réussirent point et ne firent qu'empirer sa position.

» Au retour des Bourbons, nous retrouvons Didier à Paris; se targuant de sa destitution, s'en faisant un titre ; exaltant son royalisme, ce qui lui valut la charge de maître des requêtes qu'on lui accorda et la promesse de la première place vacante à la cour de cassation ; mais tout cela ne le satisfit point et il passa, vers la fin de l'année, dans les rangs des libéraux.

» Je l'ai entendu, dit M. Peuchet, se plaindre du gouvernement royal et prétendre qu'on ne faisait rien pour lui; *mais depuis que j'ai lu dans les cartons de la police, l'audace de ses plaintes m'a bien étonné.*

» Aux cent jours, ajoute l'historien, Didier afficha le Bonapartisme exagéré. C'était un leurre, ce nouveau masque valut à son fils la préfecture des Basses-Alpes.

Je n'ai pas besoin de faire observer que les détails biographiques qu'on vient de lire sont l'œuvre d'un légitimiste, d'un homme dont les opinions politiques sont également hostiles au parti que Didier a servi et au gouvernement que la révolution de 1830 a fondé, et que je n'entends, en aucune manière, rien affirmer, ni rien infirmer de ce qu'ils contiennent.

Sur la foi d'un rapport de police, M. Peuchet raconte d'abord les relations de Didier avec Foucher, qu'il désigne comme le chef du parti Orléaniste, et la mission que lui donna cet homme d'état d'aller traiter à Vienne avant l'entrée en campagne, mission que Didier, repoussé à la frontière, ne pût pas remplir. Il raconte ensuite comment après la chute de Napoléon, l'intrépide conspirateur présenta au comité Orléaniste un plan qui devait nécessairement enfanter une révolution ; comment l'Angleterre se montrait disposée en faveur d'un changement dans l'ordre de succession au trône ; comment enfin, il fut décidé qu'on tenterait un coup de main et qu'on s'emparerait d'abord d'une ville importante, d'une place de guerre qui devait servir de gage de sûreté. Nous ne suivrons pas l'auteur de cette notice dans les détails qu'il donne sur ces diverses menées; nous y reviendrons plus tard pour en démontrer toute l'invraisemblance, toute l'absurdité.

D'après M. Peuchet, des renseignements trompeurs, parvenus à Didier dans la semaine où eut lieu l'exécution du maréchal Ney (16 décembre 1815), lui firent espérer de pouvoir s'emparer plus facilement de Lyon que de Grenoble. Il se transporta donc à Lyon, en janvier 1816; faillit, en effet, s'en rendre maître, et n'échoua que par les révélations d'une jeune et jolie ouvrière qui,

cachée dans la chambre d'un ouvrier en soie, dont elle était la maîtresse, entendit tous les détails du complot qu'elle alla révéler à son confesseur.

Didier aurait été, dit encore M. Peuchet, arrêté, si le gendarme chargé de le surveiller n'eût pas été de la conspiration ; mais comme cet homme était au nombre des conjurés, il envoya sa maîtresse prévenir Didier du péril qui le menaçait. Celui-ci, toujours prêt pour la fuite, sortit de Lyon furtivement, courut à l'extrémité du faubourg de la Guillotière, du côté de la campagne, et là trouva un cheval harnaché qui le conduisit à la frontière de la Savoie.

Ayant ainsi manqué ce coup qui devait le rendre maître de Lyon et qui éclata néanmoins sans succès, le 21 janvier 1816, Didier se replia sur le Dauphiné et spécialement sur le département de l'Isère, et bientôt, instruit de la situation des esprits, il ne tarda pas à concevoir l'espérance de pouvoir grouper, en un seul faisceau, tous les mécontentements que l'autorité et les royalistes semblaient soulever, comme à plaisir, contre le gouvernement, afin d'amener une explosion qui leur permît de frapper plus sûrement tous leurs ennemis à la fois.

Dans cet intervalle les émissaires des divers partis travaillaient activement les esprits; les douaniers de l'inspection de Pontcharra ne pouvaient pas être négligés ; anciens militaires, pour la plupart, ils venaient de faire, avec quelque gloire, les campagnes de 1814 et de 1815, et il leur en était resté une haine pour la domination étrangère, et une fièvre de patriotisme dont l'exaltation ne reculait devant aucune manifestation, devant aucun danger. Je vais d'ailleurs citer quelques faits qui feront parfaitement connaître leur position et l'esprit dont ils étaient animés.

Après la campagne de 1815 où les douaniers, sous le commandement de M. Adine, inspecteur à Pontcharra, avaient conservé la réputation de bravoure, qui leur a valu depuis une page honorable dans le 15e volume des Victoires et Conquêtes; la *Légion des Éclaireurs de l'Armée des Alpes*, formée des directions de Chambéry et de Grenoble, avait été obligée d'aller prendre ses cantonnements sur la rive droite du Rhône, dans le département de l'Ardèche, où son concours n'avait pas été inutile, soit pour prévenir une collision entre les catholiques et les protestants, prêts à en venir aux mains, soit pour empêcher que des bandes de déserteurs, sous prétexte de s'organiser en partisans, ne se livrassent au pillage, soit enfin pour sauver des mains des Autrichiens le matériel de l'arsenal et de la fabrique de Tabac de Lyon, dont le dépôt d'évacuation avait été remis à sa garde.

Chargé de l'administration du corps, en l'absence de M. Adine, qui avait été appelé à Paris, j'avais, vers la fin d'août, obtenu du général autrichien, dont les troupes occupaient la rive gauche du Rhône, l'autorisation de ramener les douaniers sur la frontière, à condition qu'ils s'y rendraient par détachements isolés et qu'ils ne reprendraient pas les armes avant un an. A notre arrivée dans le département de l'Isère, nous trouvâmes les Autrichiens occupés à bloquer le fort Barreaux et disposés, sans respect pour le drapeau blanc qu'on y avait arboré, à en prendre possession, afin de s'approprier le matériel considérable qui y était renfermé, et nous reçumes, tant du préfet du département, que du commandant du fort, l'invitation d'aller renforcer la garnison de cette place, réduite à une poignée de gardes nationaux.

Il fallait, pour se jeter dans le fort, traverser l'Isère et le cordon autrichien ; la tâche était périlleuse, surtout pour nous qui nous trouvions liés par une capitulation qui nous exposait à être fusillés, si nous étions pris les armes à la main. Cependant nous n'hésitâmes pas, et une de nos compagnies pénétra de nuit dans la place qui se trouva, dès-lors, à l'abri d'un coup de main.

Le fort fut conservé et notre dévouement méritait bien quelques égards ; au lieu de cela, on nous traita en suspects, et M. Adine, poursuivi par de honteuses dénonciations, reçut son changement pour Montmédi, où une maladie dangereuse l'empêcha de se rendre.

Les mauvais traitements dont nous étions l'objet et surtout le passage des troupes étrangères que nous voyions chaque jour sortir de France, chargées des dépouilles de nos arsenaux, nous avaient exaspéré au dernier point, lorsqu'un événement tragique, survenu à Pontcharra, vint mettre le comble à notre irritation.

La légion Britannique, formée de prisonniers piémontais recrutés en Angleterre, sur les pontons, retournait dans les états de son nouveau souverain. Un de ses maîtres d'armes, ancien sous-officier de l'Empire, ayant reconnu parmi les nôtres un de ses camarades de régiment, nommé Garcin, qui l'avait blessé dans un duel à Madrid, l'avait invité à souper. Au moment où les têtes étaient échauffées par la boisson, le piémontais voulut faire quelques allusions à nos revers et à son duel ; le douanier, vieux soldat de la garde, n'était pas homme à les supporter, et un terrible combat s'engagea. Seul et sans armes contre quatre piémontais armés, le douanier éteignit la lumière, ferma à double tour la porte de la chambre où ils étaient réunis, en prit la clef, parvint à s'emparer de l'arme d'un de ses adversaires, et, assuré de n'avoir à frapper que des ennemis, il les frappa si bien, que les quatre piémontais plus ou moins grièvement blessés, restèrent tous quatre sur le carreau.

Sur ces entrefaites, l'aubergiste entendant des hurlements affreux sortir de la chambre où la scène se passait, crut qu'on égorgeait le douanier et cria à la garde. La garde vint, enfonça la porte et ne trouva que les piémontais baignés dans leur sang ; le douanier venait de sauter par la croisée en forçant un des barreaux de fer dont elle était garnie ; il avait gagné la campagne et on ne pensa d'ailleurs pas à le poursuivre.

Le lendemain de cette catastrophe, le 2e bataillon vint remplacer le 1er, et dès qu'il eut appris ce qui s'était passé, il manifesta par des cris de rage l'intention de venger sur nous la mort des siens. Notre détachement était à peine fort de 40 hommes et le bataillon ennemi en comptait 800 ; mais nous fîmes bonne contenance et il fut convenu que la querelle serait vidée homme à homme, par les meilleurs tireurs des deux corps. Pendant les pourparlers qui eurent lieu à cette occasion, un de nos cavaliers chargé d'une dépêche, reçut, en pleine rue, un coup de feu qui n'atteignit que son cheval, et voyant que la trève allait être rompue et que nous serions écrasés, nous dûmes nous décider à mettre l'Isère entre les piémontais et nous, ce que nous fîmes avec autant d'audace que de bonheur. Un seul de nos soldats refusa de nous suivre et resta sur la rive gauche, installé dans le fatal cabaret où s'était passée la scène de la veille et où les piémontais étaient réunis en foule ; il les provoqua, et, armé d'un banc, il était parvenu à les expulser tous, lorsque la garde arriva, fit feu et tua un pauvre paysan qui se trouvait là par hasard. Le douanier profitant de la bagarre, parvint à se sauver, et, traversant l'Isère à la nage, vint nous rejoindre sans avoir reçu la moindre blessure.

Tels étaient les douaniers de l'inspection de Pontcharra ; de pareils hommes dévoués jusqu'au fanatisme à leur chef, qu'ils avaient toujours vu le premier au moment du danger, offraient à l'entreprise hasardeuse qui se préparait un noyau d'autant plus précieux que ce chef, dont le caractère aventureux et la bravoure chevaleresque étaient passés en proverbe, possédait au physique et au moral toutes les qualités nécessaires pour faire un excellent chef de parti, et professait en outre assez publiquement, ce qui était, jusqu'à un certain point, sans danger dans un pays où toutes les opinions étaient hostiles au gouvernement, le plus vif éloignement pour la restauration.

Avant d'en venir aux relations qui se sont établies entre les conspirateurs et les douaniers, je vais encore emprunter quelques extraits au rapport de M. Peuchet.

» Une fois réfugié dans le département de l'Isère, Didier, tranquille dans sa retraite, employait l'argent qu'on lui envoyait de Paris et qu'il recevait par l'intermédiaire de deux banquiers, l'un de Lyon, l'autre de Grenoble, à faire des approvisionnements d'armes, de munitions de guerre et de bouche ; à acheter des bateaux qui le rendaient maître du Rhône ; à enrôler, dans les montagnes du Dauphiné et du Vivarais, d'anciens militaires, grognards de l'empire.

» C'était par de telles mesures qu'il répondait à l'impatience de ses amis de Paris ; mais tant de démarches ne pouvaient longtemps demeurer secrètes. Un bruit sourd se répandit dans le Dauphiné. Cette inconsistance rumeur reposait sur les *on dit* les plus contradictoires ; aussi la proclamation du comte de Montlivault, du 21 janvier, fut-elle une de ces pièces d'apparat dont l'autorité couvre son ignorance. Au reste, le préfet, en cas de tentative coupable, pouvait compter sur la garde nationale, tant à pied qu'à cheval, organisée par un royalisme éclairé et intelligent. Ce corps ne renfermait que des hommes dévoués à la famille régnante ; les deux légions de l'Isère et de l'Hérault, le régiment des dragons de la Seine, la gendarmerie étaient également animés des meilleures dispositions pour la cause de Louis XVIII. Certes, ce n'était pas sur l'appui où la neutralité de ces forces que les rebelles pouvaient compter ; mais la demi-solde, les militaires de l'ancienne armée, les montagnards, le vieux levain de la république, *le caput mortuum* des Grenoblois, présentaient des chances que Didier s'empressa de saisir.

» Peu content de son ouvrage, il courut au dehors chercher des secours *et rançonner la famille Bonaparte* ; il sut persuader quelques membres de cette famille qu'il ne travaillait que pour la cause Napoléonienne. Il alla soit à Parme, soit à Milan, soit à Lausanne, où il se mit en rapport avec le général comte Drouet d'Erlon, celui-ci aussi rangé sous la bannière de l'Orléanisme, quoiqu'en apparence ne songeant qu'à Napoléon II. D'Erlon, peu auparavant, était venu à Grenoble, lorsqu'on avait cru à la possibilité du soulèvement de Lyon. Là, caché chez un ancien député, le sieur Perrin, il se préparait à se mettre à la tête des troupes insurgées, mais la ruine momentanée du complot lui avait fait prendre la fuite à Lausanne ; il promit de nouveau à Didier d'accourir au premier signal.

» Sur ces entrefaites, Didier répandit, dans tout le Dauphiné et les départements voisins, une proclamation propre à égarer les esprits ; il l'a fit suivre d'un journal allemand qui contenait une proclamation menteuse de l'empereur d'Autriche, en faveur de Napoléon II, son petit-fils. Enfin deux derniers émissaires, partis de Paris, apportèrent, dans leur voiture, 200,000 fr. en or, que Didier distribua avec une générosité sans exemple. »

Nous venons de rapporter, d'après M. Peuchet, des détails qui, à part l'Orléanisme du comte d'Erlon, ne sont en grande partie que la répétition des bruits qui ont couru publiquement dans le département de l'Isère ; pendant les premiers mois de l'année 1816. Nous ferons voir plus tard que les prétendus enrôlements, les achats d'armes et de bateaux, les promesses de coopération du comte d'Erlon, les émissaires de Paris, les monceaux d'or reçus et distribués n'ont existé que dans l'imagination de Didier, qui pouvait se servir de ces bruits pour encourager ses partisans, ou dans les rapports de police qui prenaient les rêves de Didier pour des réalités.

Les démarches de Didier étaient si timides, si mal combinées, que pour entrer en relations avec les douaniers sur lesquels il avait tant de raisons de compter, il se servit d'abord de l'intermédiaire d'un notaire de L***, M. B*** qui ne connaissait ni M. Adine, ni aucun de ses officiers, et se présenta dépourvu de toute lettre de recommandation, de toute lettre de créance, qui aurait pu l'accréditer auprès de nous. Un pareil émissaire devait d'ailleurs nous inspirer d'autant moins de confiance, que de l'aveu de ses amis, eux-mêmes, sa légèreté et son indiscrétion ne permettaient pas d'ajouter la moindre foi à ses paroles. Aussi, comme on va le voir, on n'y attacha alors aucune importance.

M. B*** ne parut à Pontcharra que dans les premiers jours du mois d'avril. Au moment où il se présenta, M. Adine était retenu au lit depuis plusieurs jours par un rhumatisme inflammatoire et goûtteux qui l'avait conduit aux portes du tombeau, et ce ne fut qu'à force d'instance de la part de M. B*** que je consentis, non sans une extrême répugnance, à l'introduire dans la chambre du malade. J'ignore ce qui se passa entre l'inspecteur et M. B*** ; je sais seulement que les confidences emphatiques et d'ailleurs fort vagues de ce dernier, dûrent être assez mal accueillies par le malade, puisqu'il s'empressa d'en faire part non-seulement à son père, directeur des douanes à Belley, mais encore à M. Caire de Faugères, lieutenant de roi du fort Barreaux, qui étaient venus le visiter, et qui me recommandèrent expressément de ne laisser désormais approcher personne du malade, dont la moindre émotion pouvait mettre les jours en danger.

Je compris d'autant mieux la nécessité d'isoler M. Adine de tout contact capable de lui procurer de dangereuses émotions, que M. B***, avec qui je dînai le même jour, en compagnie de M. L***, alors capitaine en demi-solde et aujourd'hui colonel d'infanterie, nous ayant exposé dans le plus grand détail tous les plans des conjurés, M. L*** ne pût s'empêcher de me dire : « Si c'était » tout autre je le regarderais comme un agent » provocateur et je le ferais arrêter, mais ce » n'est qu'un gobe-mouche et un hâbleur, et il » ne faut rien croire de ce qu'il dit. »

Le nom de Didier, que nous ne connaissions nullement, pas même de réputation, n'avait pas été prononcé dans la première entrevue, et ce ne fut que le 2 mai , qu'un capitaine en demi-solde, de la commune de Tenin , le sieur J***, vint présenter à M. Adine un manifeste, soi-disant extrait de *Moniteur Autrichien* , où l'empereur d'Autriche proclamait les droits de Napoléon II à la couronne de France , et son in'en-tion de les appuyer au besoin par lesarmes. Une proclamation du comité de l'indépendance natio-nale , qui rejetait les principaux griefs de la France sur l'Angleterre et sur Wellington, affichait les nationale, maximes *point de Jacquerie, point de réaction* , et annonçait qu'une grande puissance amenait Napoléon II et sa mère ; une proclama-tion de Didier au peuple , qu'il appelait aux ar-mes, au nom de Napoléon II; et enfin une lettre de Didier , lettre sans signature et qui était ainsi conçue :

» Mon cher ami, .

» Malgré les difficultés ordinaires , dans de
» pareilles affaires , nous avons enfin terminé.
» On est d'accord sur tout ; on ne s'occupe plus,
» à présent , que de la noce qui est fixée à di-
» manche. Nous vous invitons à nous faire le
» plaisir d'y venir; nous comptons sur vous , et
» vous devez être bien persuadé qu'en amenant
» vos amis , vous nous ferez d'autant plus de
» plaisir que vous serez plus nombreux.
» Comme la fête doit être, je vous l'avoue, sans
» façon, vous nous ferez plaisir si vous nous
» apportez quelques provisions. »

Chargé des écritures de l'inspection et ayant , pendant la maladie de M. Adine , l'autorisa-tion de signer la correspondance , j'avais en réa-lité, quoique le plus jeune et le moins avancé en grade des officiers , la direction exclusive de la division ; aussi M. Adine , que j'avais décidé à se rendre aux eaux d'Aix , en Savoie , et qui , soutenu par quatre hommes, montait en voiture au moment où M. J*** vint lui communiquer les pièces qui ont été citées , ne prit pas même le temps de les lire , et m'ayant désigné comme investi de toute sa confiance, à cet émissaire, ne fit que l'inviter à s'adresser à moi.

On a prétendu que M. Adine avait promis à M. J*** le concours des douaniers, et c'est au moment où défaillant, perclus, il allait passer la frontière, qu'un homme dont la bravoure et la loyauté n'ont jamais été mises en doute, aurait fait une semblable promesse et aurait laissé à un autre le soin de la tenir ! on ne peut pas le sup-poser, eût-il promis, il ne savait pas tout; et lorsqu'après l'avoir quitté je revins à Pontcharra où je trouvai, attablé dans un café, M. J*** qui racontait à tout venant la conspiration , j'avais des devoirs trop sérieux à remplir, une respon-sabilité trop grave à garantir. pour les livrer de prime abord à un inconnu ; M. Adine s'était borné à me dire , en me quittant :

— Vous allez voir un personnage qui vous

dira d'étranges choses. Soyez prudent, Je compte sur vous. Je sais que vous ne vous écarterez pas du sentier de l'honneur....

M. J*** se trouvait encore avec le même M. L*** qui avait assisté à ma première entrevue avec le notaire B***, sans être gêné , en aucune manière, par la présence d'un tiers. Ce person-nage, M. J*** , que je ne connaissais nullement et dont je n'avais pas même jusques-là entendu prononcer le nom , après m'avoir répété en dé-tail ce qu'il avait dit sommairement à M. Adine, dont il disait avoir obtenu l'assentiment, m'an-nonça que je devais réunir cent hommes et les conduire, le 4 mai, à 5 heures du soir, à Eybens, lieu fixé pour le rendez-vous , et que le signal serait donné partout au moyen de feux allumés sur les montagnes, et auxquels répondrait le toc-sin des communes.

J'examinai d'abord avec attention tout ce que me présenta M. J***, et je lui répondis ensuite que mes pouvoirs expiraient par le fait seul du dé-part de M. Adine, et que, dans une conjoncture si délicate et si grave, il m'était impossible de prendre une détermination avant d'avoir con-sulté mes amis; que j'allais les réunir et que, dès le lendemain, au plus tard , je lui ferais con-naître ce qui aurait été arrêté dans notre réunion.

Ceci se passait dans l'après-midi du 2 mai ; dans la soirée, je m'abouchai avec les personnes dont le concours et les conseils pouvaient m'être utiles , et il fut décidé qu'avant de donner une réponse définitive à M. J*** , nous irions con-sulter M. Peltier , capitaine des douanes à Bar-reaux , et quelques hommes influents qui nous avaient été signalés comme ayant donné leur adhésion au mouvement qui se préparait.

On devinera aisément, en voyant l'attitude que nous avions prise dans cette circonstance , que nous n'étions pas des serviteurs bien dévoués de la monarchie restaurée, et en cela on sera dans le vrai. Nous étions certainement disposés à combattre un gouvernement qui ne représen-tait à nos yeux que l'occupation étrangère et l'humiliation de la France. Mais les noms in-connus de MM. Didier , B*** et J*** ne nous offraient pas de suffisantes garanties , pour nous engager aveuglément dans une entreprise déses-pérée et encore moins pour y conduire , avec nous , les braves que nous savions prêts à nous suivre. Il y avait d'ailleurs dans la confiance, ou plutôt dans la légèreté avec laquelle les ouver-tures nous avaient été faites , assez de motifs pour nous faire croire que la main de la police ne pouvait pas être étrangère à un complot qui s'ourdissait à ciel ouvert, qui courait en quel-que sorte les rues ; et comme nous ne voulions pas plus donner tête baissée dans un guêpier , que nous constituer les dénonciateurs de gens qui pouvaient être de bonne foi, il nous impor-tait, ne fût-ce que pour dessiller les yeux de nos amis, de nous assurer de la vérité. L'événement a prouvé combien cette précaution était sage.

Sur ces entrefaites un billet m'appela à un rendez-vous dans les ruines du château Bayard; j'y trouvai, non pas un conspirateur, mais une jeune et belle dame qui m'honorait d'un vif et pur attachement, et que ses relations de société, avec les puissants du jour, mettaient mieux que personne en position de savoir ce qui se passait.

» La conspiration n'est qu'un guet-apens, me » dit-elle, l'autorité sait tout; le général Don-» nadieu a dû écrire au duc de Wellington qui » lui a promis de puissants renforts en cas de » trouble; la garnison de Chambéry vient d'être » doublée et les Piémontais se tiennent prêts à » s'emparer du fort Barrreaux, dont la garnison » est réduite à 25 vétérans : votre chef est com-» promis; on a les yeux sur vous. De la fermeté, » du sang-froid, de la sagesse, et surtout du » secret. »

Nous nous séparâmes après être convenus d'un moyen de correspondance, et je revins trouver mes amis qui m'attendaient à Pontcharra.

Les diverses personnes que nous vîmes dans la journée du 3 mai, loin de rien nous apprendre de positif sur les projets de Didier, paraissaient nous considérer comme les principaux meneurs de l'entreprise à laquelle la plupart d'ailleurs n'entendaient accorder que le stérile concours de leurs vœux; nous n'hésitâmes pas à les détromper, et lorsque, arrivés à Tenin où nous eûmes un long entretien avec MM. B*** et J***, nous les trouvâmes indécis, consternés, incapables de nous donner des explications satisfaisantes sur les ressources de la conspiration, sur les chefs militaires qui devaient diriger les insurgés; *nous n'hésitâmes pas à leur notifier qu'ils ne devaient pas compter sur nous*; Didier, dont un émissaire se présenta au même instant à Tenin, devait, si ce que j'ai appris plus tard est vrai, se trouver en ce moment-là chez un notaire de Theys, village peu éloigné de Tenin; rien n'était plus facile que de l'avertir, et il était encore temps de tout contremander. Nous engageâmes du moins fortement MM. B*** et J*** à le faire.

MM. B*** et J*** me prièrent de voir encore MM. Santon, ancien maire, et Clément, maître de poste à Lumbin.

— Voyez-les, me dirent-ils, peut-être pourront-ils lever vos scrupules, sinon, il sera toujours temps, après que vous les aurez vus, d'avertir Didier.

Je consentis. Cela entrait dans nos vues, car il y avait encore là des dupés à sauver; aussi, d'accord avec MM. Chabord, lieutenant d'artillerie, aujourd'hui capitaine d'état-major; Lamartinière, propriétaire; et Turbert, officier des douanes, qui m'avaient suivi jusqu'à Tenin, je me déidai, après leur avoir recommandé de

se concerter, pour le maintien de l'ordre, avec les autorités locales, à me rendre à Lumbin, accompagné de M. B***.

A Lumbin, je trouvai, chez M. Santon, M. Clément et quelques autres personnes qui m'étaient inconnues et qui parurent fort effrayées de ma visite. M. B*** se hâta de les rassurer, et le colloque suivant ne tarda pas à s'établir entre nous.

— De quelles troupes peut-on disposer? demandais-je à M. Santon.

— On nous a dit que M. Adine devait, à la tête de 300 hommes, se joindre aux insurgés de Loysans, renforcés par la garnison de Briançon, commandée par le général Eberlé.

— M. Adine est malade, il est hors de France, et le général Eberlé est franchement dévoué à Louis XVIII; mais qui est ce Didier qu'on nous représente comme le chef du mouvement?

— Didier a émigré en 1793, il a poursuivi les sans-culottes après le 9 thermidor, il est maître des requêtes au conseil d'état, on l'a vu ces jours derniers à Grenoble sortir du club des *Francs régénérés*. C'est un personnage mystérieux, et cependant il est certain qu'il jouit de toute la confiance du comité de l'indépendance nationale.

— Didier, répliquai-je, n'est pas homme de guerre; il faut un général dont le nom offre des garanties.

— Drouet, comte d'Erlon, sera à Eybens.

— On le dit en Amérique. Il faut de plus de l'artillerie, où en prendra-t-on?

— Au fort Barreaux dont vous devez vous emparer....

J'arrêtai là mon interlocuteur, en lui disant que, loin d'avoir jamais songé à une pareille mission, dont il n'avait pas été dit un mot, j'avais au contraire, dès la veille, averti le commandant de se tenir en garde contre la garnison de Chambéry qui convoitait le fort et qui venait d'être augmentée dans la prévision d'un coup de main.

Je vis bien que le complot n'était qu'un véritable gâchis, et je n'hésitai pas à le dire à M. Santon et à ses amis, à qui il ne me fut pas difficile de faire comprendre qu'il fallait être saisi de vertige pour ne pas voir combien était folle l'idée de renverser un gouvernement appuyé par l'occupation étrangère et à qui d'ailleurs aucune des démarches de Didier n'avait pu échapper : *le doigt de la police a passé par là, leur disai-je, elle tient tous les fils du complot*, agir ce serait servir ses projets, ce serait plus qu'un crime, ce serait de la démence.

M. Santon se croyant compromis, paraissait en proie à d'inexprimables angoisses; il pensait qu'il s'était trop avancé pour pouvoir reculer; je m'empressai de le rassurer, en écrivant sous ses yeux et en lui remettant une déclaration portant en substance : *qu'averti par MM. Santon et Clément de ce qui se passait, il avait été convenu entre nous que, d'accord avec les autorités, nous prendrions toutes les mesures propres à maintenir l'ordre, s'il pouvait être menacé......*

M. Santon a pu conserver cet écrit où j'avais, avec beaucoup plus de loyauté que de prudence, engagé ma responsabilité tout entière, envers des gens que je n'avais pas l'honneur de connaître, et qui, dans l'hypothèse d'un complot, auraient pu me séquestrer, sinon me faire un mauvais parti ; mais il s'agissait de prévenir une catastrophe épouvantable, et aucun danger personnel ne pouvait m'arrêter.

Je n'avais pas pris un instant de repos depuis le 2 mai ; harassé de fatigues je rentrai chez moi le 4 au matin. Les maires furent avertis par mes soins ; je rendis compte de ma mission au capitaine Peltier et à mes amis de Pontcharra, à qui je recommandai d'en faire autant et de maintenir l'ordre à tout prix ; je prescrivis en outre des mesures propres à empêcher toute démonstration et je passai une partie de la nuit à en surveiller l'exécution. Inutile de dire tout ce que j'ai souffert pendant cette nuit cruelle, au milieu des soucis de tous genres et des angoisses dont j'étais accablé. Aucun feu ne se montra cependant sur notre horison, aucun bruit ne se fit entendre ; et déjà je me flattais de l'espoir que le complot n'était qu'une chimère, ou qu'il avait été contremandé, lorsqu'une dépêche, arrivée de la rive gauche de l'Isère, m'apprit qu'un feu avait été vu sur la montagne de Crolle (Crolle est un petit village à une lieue de Grenoble) et que J*** avait été arrêté le 4, au moment où il traversait le torrent de Breda pour se rendre à l'étranger. On me demandait par cette dépêche ce qu'on devait faire du prisonnier. Malgré la conduite équivoque qu'il avait tenue à notre égard, je répondis qu'on devait le relâcher. Plus tard, j'ai eu lieu de m'en repentir ; mais n'anticipons pas, revenons à la matinée du 4.

Le capitaine Peltier, à la réception de ma lettre qui lui avait été portée par mon jeune frère, s'empressa d'en donner communication au commandant du fort Barreaux, et il fut convenu entr'eux que pour éviter toute fausse interprétation, les douaniers, au lieu d'entrer dans la place comme le voulait d'abord le commandant, resteraient sur les glacis sous la protection des canons du fort, où ils ne seraient introduits qu'à la dernière extrémité par la poterne. Ces mesures prises, le capitaine adressa à M. Badon, directeur des douanes à Grenoble, un rapport de ce qui se passait ; le cavalier chargé de la dépêche devait arriver à 5 heures du soir à Grenoble, il n'y arriva qu'à 7 heures et demie, il s'était énivré en route. Au moment où il remit sa dépêche au directeur, celui-ci, qui se rendait en soirée à la préfecture, se borna à mettre la dépêche toute cachetée dans sa poche et ne songea à l'ouvrir qu'à 8 heures et demie du soir, lorsque M. Chuzin, adjoint à la mairie de Vizille, vint annoncer au préfet que les insurgés étaient rassemblés à Eybens, petit village situé à une lieue de Grenoble.

La lettre de M. Peltier et l'avis de M. Chuzin n'annonçaient rien dont les autorités ne fussent déjà informées ; en effet, le rassemblement d'Eybens avait commencé dès le 4 au matin et les insurgés étaient animés d'une telle confiance dans le succès de leur entreprise, ils prenaient si peu de soins de dissimuler leur présence, qu'ils avaient envoyé chercher des vivres à Grenoble; en ce moment encore rien n'était plus facile que de disperser ce rassemblement ; il suffisait pour cela d'une simple démonstration qui leur apprît que le complot était éventé ; mais le préfet, M. de Montlivault qui, instruit des fréquentes apparitions de Didier à Grenoble, avait négligé de le faire arrêter, le général Donnadieu, à qui ses amis eux-mêmes ont reproché un immense désir de se mettre en vue à tout prix, même au moyen d'une sévérité outrée, voulaient tous deux un combat, et le combat eut lieu.

Les insurgés avaient dans Grenoble de nombreuses intelligences qui devaient leur en livrer les portes et étaient parvenus, à cet effet, à surprendre le mot d'ordre ; un lieutenant d'artillerie, M. Arribert, devait s'emparer du général Donnadieu ; mais le commandant de la place, M. de Chantrans, eut la précaution de faire changer le mot d'ordre ; le général Donnadieu se saisit lui-même du lieutenant Arribert, au moment où celui-ci croyait se rendre maître de sa personne ; des arrestations, des visites domiciliaires eurent lieu, qui jettèrent l'épouvante parmi les conspirateurs ; les chefs s'éloignèrent précipitamment et entr'autres Cousseau, ancien garde général destitué ; Jouanini, ancien officier de gendarmerie, et Biollet, officier supérieur, qui devait diriger les deux cents insurgés de l'intérieur : la ville fut dès lors à l'abri d'un coup de main.

Les faits que nous venons de rapporter se passaient dans la journée du 4, et ils prouvent mieux que tous les commentaires auxquels on pourrait se livrer, que les autorités, dès longtemps averties, avaient voulu laisser éclater le complot. Le général Donnadieu a bien avoué depuis, que des lettres de curés et de gentilhommes avaient, dès le matin, donné l'allarme à la préfecture, mais nous devons dire que la préfecture n'en avait pas besoin.

» Je ne peux concevoir, dit l'ancien secrétaire général de la police, comment on a laissé ce complot parvenir à sa maturité, lorsque je vois les archives de la préfecture de police regorger de renseignements précis sur la conspiration; des dénonciations venues de cent endroits différents pour dévoiler ce qui se tramait dans le Dauphiné. Je sais que les lumières parvinrent de toutes parts au comte Decazes et que le ministre ferma constamment les yeux. Avant 1830, cette conduite me paraissait inexplicable, depuis j'ai eu le mot de l'énigme.

» M. le comte Decazes avait, dès le 15 janvier 1817, devancé les aveux de M Peuchet; il disait alors à la tribune : « l'affaire de Grenoble n'était point imprévue. Sans la prévoyance du ministre le mal aurait été beaucoup plus grave. *L'état de Grenoble était connu depuis trois semaines.* »

La nomination de **M.** Bastard de l'Estang, aux fonctions de commissaire général extraordinaire à Grenoble, a eu d'ailleurs avec le départ de Didier, dont il était chargé de surveiller les menées, une coïncidence telle, qu'elle ne peut laisser aucun doute sur les projets de la police d'alors. Le gouvernement était instruit de tout; au lieu de prévenir, il préférait réprimer ; pour cela il lui fallait un complot, et le complot s'est formé, et il a éclaté *parce qu'on l'a bien voulu.*

On verra tout-à-l'heure quel terrible jeu ont joué dans cette circonstance, le ministre, le général et le préfet, et comment, malgré toutes leurs mesures, il n'a tenu à rien que la ville de Grenoble ne tombât au pouvoir des insurgés.

A la réception des dernières nouvelles, el général Donnadieu se rendit à la caserne de la légion de l'Isère, la fit former en carré, et dans une chaleureuse harangue, lui recommanda de passer sur le corps des factieux et *de ne leur faire aucun quartier;* il la fit partir ensuite pour Eybens, précédée des royalistes dévoués de la garde nationale. Au même instant la générale fit retentir dans les rues son lugubre appel ; la légion de l'Hérault, les dragons de la Seine et la gendarmerie, consignés d'avance dans leurs quartiers, se rendirent sur les glacis pour servir de réserve et tout se trouva ainsi préparé, comme à heure fixe, pour le combat que l'on avait sans doute préparé d'avance.

Nous allons passer un instant à Eybens afin de pouvoir mieux juger quelles étaient, dans ce moment décisif, les dispositions des insurgés.

Le mouvement de concentration des bandes de Vizille et de la Mure avait commencé dès le matin du 4 mai ; on avait vu arriver d'instants en instants de minces pelotons marchant à peu près en ordre, et on distinguait aux uniformes dont quelques-uns étaient revêtus, des représentants de presque tous les corps de notre vieille armée ; le plus grand nombre se composait d'hommes étrangers au métier des armes, ce qu'on reconnaissait aisément à l'air plus ou moins gauche avec lequel la plupart portaient, ceux-ci des fusils de chasse, ceux-là de vieux mousquetons de cavalerie, d'autres des fusils de munition à demi rongés par la rouille.

Le malheureux Didier, accablé de préoccupations et de soucis, affectait un air dégagé et confiant, et se multipliait afin d'encourager sa petite troupe ; cependant un détachement, celui de l'Oysans, sur lequel on avait surtout compté n'arrivait pas, et on n'apprit que plus tard que, conduit par un guide infidèle, il s'était égaré ; les douaniers qui devaient aussi se trouver au rendez-vous au nombre de 300 manquaient également, et Jouanini qui, avec Biollet, s'était chargé d'entrer en relations avec eux, et avait annoncé une promesse de concours de leur part, forcé d'avouer que pour correspondre avec le chef des douanes il s'était servi d'intermédiares qui ne paraissaient pas, commençait à manifester la crainte d'avoir été trompé, et bientôt cette crainte se changea en certitude lorsqu'un émissaire vint annoncer que le concours avait été positivement refusé. Tous ces contre-temps étaient de nature à faire hésiter Didier sur le parti qu'il y avait à prendre ; mais Jouanini et Biollet, déjà compromis à Grenoble, l'entraînèrent en lui faisant sentir qu'il les avait trompés eux-mêmes en annonçant l'arrivée du comte d'Erlon qui ne paraissait pas non plus, qu'il était trop tard pour reculer, et que mourir pour mourir, il valait mieux courir les chances d'un combat qui pouvait tourner en leur faveur.

Fort tout au plus de trois cents hommes, la plupart mal armés, le rassemblement se mit en marche vers dix heures et demie du soir; des feux allumés, à un signal donné, sur la plupart des montagnes qui avoisinent Grenoble, firent croire aux hommes qui le composaient, que d'autres colonnes s'avançaient dans d'autres directions sur la ville, dont ils allaient s'emparer sans coup férir, et ces braves gens, à qui l'on avait persuadé que les Autrichiens ramenaient Marie-Louise et son fils, et qu'il suffisait d'une simple démonstration pour assurer leur triomphe, s'avançaient pleins de confiance et d'ardeur pensant aller plutôt à une fête qu'à un combat. Ils ne tardèrent pas à être cruellement détrompés.

Frappés d'une terreur panique, les royalistes exaltés, auxquels on donnait le nom de gardes nationaux et dont la tâche semblait bornée à une simple reconnaissance d'avant-postes, s'étaient repliés en désordre sur la légion de l'Isère, ce qui n'avait fait qu'encourager les insurgés; mais arrivés à moitié chemin d'Eybens à Grenoble, un cri de : *Qui vive,* auquel ceux-ci répondirent par le cri de: *Vive l'Empereur,* fut suivi d'un feu bien nourri de mousqueterie et d'une charge de fond qui jetèrent la confusion dans leurs rangs ; en vain Didier, secondé par Jouanini et Biollet firent des efforts incroyables pour les ramener au combat; favorisés par une obscurité profonde, ils se débandèrent, et, s'enfuyant dans toutes les directions, ils parvinrent aisément à se soustraire à la poursuite des soldats. Il ne resta sur le champ de bataille que onze cadavres et trente prisonniers, les fusils des fuyards et quelques cocardes vertes, jetées là sans doute par les agents provocateurs qui se glissent partout, et qui voulaient faire croire que les ultra-royalistes n'étaient pas étrangers au complot.

Parmi les morts se trouvèrent les deux frères Guillot, fils d'un notaire de la Mure, jeunes gens de grande espérance, et Jouanini qui, blessé mortellement, eut encore le courage de déchirer avec les dents et de pétrir dans son sang, des papiers retirés de son portefeuille et qui renfermaient sans doute des renseignements sur le but et sur les meneurs de la conspiration.

Tout cela n'avait guère duré plus de temps que je n'en mets à le raconter; une attaque, tentée par un ancien officier de l'armée d'Égypte, Brun dit le Dromadaire, sur la citadelle, d'où il avait d'abord délogé la gendarmerie, n'avait pas été plus heureuse, et cependant de pompeux bulletins expédiés tant à Paris qu'aux autorités des villes et des départements voisins, annoncèrent, le lendemain, que les troupes royales avaient eu à soutenir, à la lueur des feux qui couronnaient toutes les montagnes, depuis Voreppe jusqu'à Chapareillan, un combat furieux, acharné, contre une armée innombrable d'insurgés.

Sur la rive droite de l'Isère, les feux n'avaient pas dépassé Voreppe; l'armée insurgée se composait en tout de trois cents paysans armés de piques, de bâtons et de quelques mauvais fusils; les trophées de la victoire se bornaient à 11 morts et 30 prisonniers, et cependant les Bulletins disaient au général Parthounneaux : » *Depuis trois heures le sang n'a pas cessé de couler*; au baron Clerc, maréchal de camp : « *Vive le Roi ! Mon cher général, les cadavres de ses ennemis couvrent tous les chemins qui arrivent en cette ville ; depuis minuit jusqu'à cinq heures du matin, la mousqueterie n'a pas cessé dans le rayon d'une lieue ; encore en ce moment la légion de l'Isère, qui s'est couverte de gloire, est à leur poursuite.* ON AMÈNE LES PRISONNIERS PAR CENTAINES, *la cour prévôtale en fera prompte et sévère justice.*»

Les chemins couverts de cadavres, la durée de la résistance, la gloire de la légion de l'Isère, et les centaines de prisonniers n'étaient que de ridicules exagérations, pardonnables à l'ivresse de la victoire succédant à la fièvre de la peur ; il n'y avait de vrai, dans cette inqualifiable production, que la menace de la vengeance, et cette vengeance ne tarda pas à se réaliser.

Dès le 5 au matin, comme si on eût voulu compléter les centaines de prisonniers, de nombreuses arrestations eurent lieu. Malheureusement, ainsi que cela arrive ordinairement

en pareilles circonstances, au lieu d'atteindre les chefs réels du complot, elles ne s'adressèrent qu'à de pauvres campagnards dont on avait trompé la crédulité et qui même pour la plupart étaient restés étrangers à la sédition.

Les sauveurs de la patrie, afin d'ajouter encore au lustre de leur triomphe et à la terreur qu'ils voulaient inspirer, s'entourèrent d'un appareil militaire inaccoutumé; un conseil extraordinaire, composé de MM. Donnadieu, de Montlivault, Bastard de l'Estang, Achard de Gérance, procureur général, Planta, grand prévôt, Mallein-Romain, procureur du roi, s'assembla en même temps à la préfecture. Là fut d'abord agitée la question de savoir si l'on ne devait pas, sans s'embarrasser des formalités voulues par la loi, juger sans désemparer les rebelles. Tout le conseil, excepté MM. Planta et Mallein, opina en faveur de cette résolution terrible ; néanmoins l'opinion du grand prévôt et du procureur du roi prévalut à la fin et il fut décidé que les prisonniers seraient livrés à la cour prévôtale.

Le 7 mai, la cour prévôtale, poursuivant le cours de sa justice impitoyable, avait déjà jugé quatre prisonniers, dont trois, Drevet, Buisson et David avaient été condamnés à mort.

Le préfet qui, dès le 5, avait déjà répandu à profusion ses proclamations boursoufflées de haine et de vengeance, prit, le 7, cet arrêté devenu célèbre :

» Le préfet de l'Isère, considérant que la justice et la vindicte publique exigent que tous ceux qui ont pris part à la sédition, à main armée, qui a eu lieu dans la nuit du 4 au 5 mai, soient *inexorablement* poursuivis et livrés à la cour prévôtale ;

» Que la sûreté générale demande que tous les moyens de refuge et de défense leur soient enlevés, arrête :

» Article 1er. Tous ceux qui, dans les 24 heures, à dater de la publication du présent, n'auront pas fait remise, aux maires de leurs communes respectives, des armes de guerre et des cartouches qui se trouvent, de quelque manière que ce soit, en leur possession, seront considérés comme complices de la sédition et poursuivis criminellement comme tels.

» Article 4. Toute personne convaincue de donner *asile* aux rebelles, sera punie comme complice, etc.

» Article 5. Une récompense, depuis 100 fr. jusqu'à 3,000 fr., est promise à ceux qui livreront les auteurs ou fauteurs de la sédition.

» Article 6. Le nommé Guillot, ancien officier d'artillerie, de la Mure, qui a dirigé l'insurrection de cette commune et qui, sauvé déjà une fois de la peine capitale, par la bonté de Son A. R. Monseigneur le duc d'Angoulême, s'est ainsi couvert de la double infamie d'ingratitude et de trahison, est dénoncé à la vindicte publique ;

celui qui le livrera à la cour prévôtale, recevra une somme de 500 fr. »

En même temps, le général Donnadieu fesait publier l'ordre du jour suivant :

» Le lieutenant général, etc., arrête ce qui suit :

» Article 1er. Les habitants de la maison où sera trouvé Didier seront livrés à une commission militaire, *pour être passés par les armes.*

» Article 2. Il est accordé à qui livrera, *mort ou vif*, le sieur Didier, une somme de 3,000 fr. pour gratification. »

Ensuite d'une dépêche télégraphique, datée du 6 mai, à 6 heures du soir, le préfet et le général firent placarder, le 7, dans la soirée, la proclamation suivante, qui fut en même temps publiée à son de trompe dans les rues désertes et silencieuses.

Proclamation.

» Le lieutenant général, commandant la 7me division militaire, et le préfet de l'Isère, font connaître aux habitants du département qu'une dépêche télégraphique apporte les instructions suivantes :

» Le département de l'Isère est regardé comme étant en état de siége.

» Les autorités civiles et militaires sont investies d'un pouvoir discrétionnaire.

» Le roi est content des magistrats et des militaires.

» Des troupes sont en mouvement sur différents points pour occuper le département de l'Isère et assurer la juste punition des rebelles.

» Ces instructions, *qui suspendent le cours ordinaire de la justice,* doivent rassurer tous les citoyens paisibles... *Que les mauvais citoyens tremblent !..... Quant aux rebelles, le glaive de la loi va les frapper.*

» Le lieutenant général, DONNADIEU.

» Le préfet, COMTE DE MONTLIVAULT. »

Ces menaces, et surtout l'idée de se voir à la discrétion de pareilles autorités, avaient répandu, dans Grenoble, une terreur profonde. L'arrêté qu'on va lire, y ajoute l'indignation et l'horreur.

Arrêté du 9 mai 1816.

» Le général et le préfet arrêtent, en vertu des pouvoirs qui leur sont délégués :

» Article 1er. Tout habitant dans la maison duquel il sera trouvé un individu ayant fait partie des bandes séditieuses, et qui, l'ayant recélé sciemment, ne l'aura pas dénoncé sur-le-champ à l'autorité, sera arrêté, livré à la commission militaire et condamné à la peine de mort, et sa *maison sera rasée.*

» Article 2. Tout habitant qui, dans les 24 heures, n'aura pas obéi à l'arrêté du 7, du préfet, et chez qui il serait trouvé des armes de guerre, ou qui aurait en son pouvoir des armes de chasse, pistolets, épées, etc., n'aurait pas fait sa déclaration, sera livré à la commission militaire, et sa *maison sera rasée.* »

Dans la soirée du même jour, les nommés Drevet et Buisson, l'un ancien soldat de la garde impériale, marhand à la Mure, l'autre épicier de la même ville, furent conduits à l'échafaud. David avait obtenu un sursis qui prolongea de quelques jours son agonie.

L'exercice de la justice se trouvant suspendu, par la dépêche télégraphique qui avait mis en état de siége la ville de Grenoble et le département de l'Isère, le général et le préfet s'empressèrent d'organiser une espèce de conseil de guerre qui se trouva composé de MM. de Vautré, colonel de la légion de l'Isère; Charpenay, capitaine remplissant les fonctions de commissaire du roi ; Roudier, capitaine-rapporteur.

Ceci se passait le 9 mai. Le même jour, trente accusés qui, presque tous, avaient été arrêtés pendant la nuit du combat, furent distraits de leurs juges naturels et traduits devant un conseil composé des mêmes soldats qui, trois jours auparavant, les avaient combattus les armes à la main.

Je vais emprunter à la *Gazette des Tribunaux* le récit de cette monstrueuse procédure.

Voici d'abord les noms des accusés : 1° Noël Allouard, de St.-Martin-Lamotte, âgé de 59 ans ; 2° Jean Barbier, laboureur à Eybens, âgé de 23 ans ; 3° Jean Armand, né à Vif, âgé de 25 ans ; 4° Jean-Baptiste Vite, maréchal ferrant, né à Varces, âgé de 36 ans ; 5° Honoré Reynier, âgé de 18 ans ; 6° Louis Reynier, âgé de 19 ans ; 7° Antoine Ribaud, de St.-Jean-de-Vaux, âgé de 22 ans ; 8° Ambroise Morin, pharmacien à la Mure, âgé de 38 ans ; 9° Jean-Baptiste Richard, propriétaire à la Mure, âgé de 50 ans ; 10° Maurice Miard, âgé de 16 ans ; 11° Jean-Baptiste Hussard, âgé de 26 ans ; 12° François Bard, âgé de 23 ans ; 13° Dominique Paul, né à Grenoble, âgé de 20 ans ; 14° Joseph Pain ; 15° Louis Vial ; 16° Eunemond Gérante ; 17° Louis Rochetta ; 18° Jacques Morel ; 19° Pierre Rouna ; 20° Pierre-Étienne Jat ; 21° Henry Chevalier ; 22° Pierre Belin, meunier à Livet, âgé de 44 ans ; 23° Jean-François Mury, âgé de 24 ans ; 24° Claude Piot, âgé de 27 ans ; 25° Antoine Batfer, tailleur d'habits à Eybens, âgé de 37 ans ; 26° Cristophe Allouard, fils de Noël, (1er accusé), âgé de 32 ans ; 27° André Allouard, frère du précédent, âgé de 21 ans ; 28° Antoine Payraud, né à la Mure, âgé de 22 ans ; 29° Jean Fiat-Galle, âgé de 33 ans ; 30° Joseph Carlet, né à Varces, âgé de 27 ans.

Un seul accusé, M. Morin, pharmacien à la Mure, avait fait choix d'un défenseur, Me Vial, qui fut désigné d'office par le président *pour en défendre* 18 *autres.* Un membre du barreau de Grenoble, Mᵉ Rey, qui était depuis 4 mois absent, fut également désigné. Aucune pièce de procédure ne fut communiquée aux accusés; aucun avocat ne fut averti de sa désignation ; et si trois membres du barreau de Grenoble, Mᵉˢ Vial, Sapey et Jules Mallein, se trouvaient à l'audience, c'est qu'ils y étaient venus dans l'intérêt de 5 accusés qui les avaient personnellement fait prévenir. Les 24 autres furent jugés sans avoir pu conférer un seul instant avec leurs défenseurs.

Mais la triste précipitation de l'instruction n'était qu'un faible prélude de celle qui devait présider aux débats ; ce ne fut qu'à onze heures du matin que le conseil entra en séance, et, avant la nuit, il se séparait après avoir prononcé sur le sort de 30 accusés.

A l'ouverture de la séance le rapporteur, s'excusant sur le peu de temps qu'il avait eu pour se préparer, fit un rapport très-succinct de l'affaire, par lequel il concluait à la peine de mort contre tous les accusés, en priant. toutefois, le conseil d'en recommander plusieurs à la clémence du roi, et plus particulièrement Maurice Miard, enfant de 16 ans, coupable seulement d'avoir ramassé des cartouches sur le théâtre de l'action, et Claude Piot, ancien grenadier de la garde impériale.

Un des membres du conseil, le sous-lieutenant Benoit, éleva quelques doutes sur la compétence de ce tribunal exceptionnel. Une courte discussion s'éleva, qui, bientôt, fut terminée par une lettre du général Donnadieu, à qui on en avait référé, et qui, se fondant sur l'état de siège, enjoignait de passer outre au jugement.

Le président interrogea rapidement les accusés; puis les témoins furent appelés pour déposer contre le premier d'entr'eux. Ces témoins étaient des dragons de la Seine et les soldats de la garnison qui avaient combattu contre les insurgés.

— Reconnaissez-vous l'accusé ? leur demanda le président.

Et sur leur réponse affirmative il leur ordonna d'aller s'asseoir.

Noël Allouard voulut faire quelques observations et voulut établir qu'il ne s'était rendu sur le théâtre de l'insurrection que pour en éloigner ses deux fils.

— Tais-toi coquin ! veux-tu bien te taire ! s'écria le président, et sur cette injonction trois fois répétée, le malheureux vieillard se rassit, n'osant pas désobéir.

— Et vous, dit alors le président, en s'adressant aux avocats présents à la barre de la défense, voulez-vous prendre la parole pour Noël Allouard ?

MM. Sapey et J. Mallein se levèrent et déclarèrent que n'ayant pas été chargés de la défense de cet accusé, et n'ayant pas conféré avec lui, ils ne pouvaient connaître ses moyens de défense ; qu'ils se chargeraient toutefois avec empressement de la faire valoir si le conseil voulait accorder un court délai.

A peine ce mot de *délai* était prononcé, que le président interrompant vivement M. Sapey :

— Ah ! ça croyez-vous donc que nous voulons rester longtemps ici ? Il faut en finir, oui ou non ; voulez-vous vous charger de la défense ?

M. Sapey, voyant qu'il n'y avait rien à gagner, se détermina à défendre au fond. Après quelques observations sur l'irrégularité d'une telle manière de procéder, il discuta rapidement les témoignages, et insista en quelques mots sur ce fait que l'accusé n'avait pas eu le temps de répondre.

L'improvisation de M. Sapey n'avait pas duré en tout dix minutes ; le président la trouva cependant trop longue, et fit observer qu'on n'en finirait pas si chacun des prévenus occupait le conseil aussi longtemps.

Le président allait recueillir les voix, mais il se ravisa et proposa à la commission de prononcer par un seul et même jugement sur le sort de tous les accusés. Cette proposition fut adoptée, et les 29 prévenus comparaissant successivement devant leurs juges, furent successivement confrontés avec les témoins, comme l'avait été Noël Allouard, seulement en quelque sorte pour constater leur identité; puis tous furent renvoyés sur leur banc, où ils s'assirent au hazard les uns à côté des autres

Cette sorte d'appel nominal terminé, le président demanda à MM. Sapey et Mallein, s'ils voulaient prendre la défense de ceux des accusés qui n'avaient pas de conseils. Ces deux avocats reproduisirent les observations qu'ils avaient déjà présentées au commencement de la séance, sur la nécessité de conférer avec les prévenus, et sur le droit appartenant à ceux-ci de faire entendre des témoins à décharge. Le président les interrompit encore.

— Oui ou non, leur dit-il, voulez-vous vous charger de la défense? Nous n'avons que faire de tous ces retards, et je ne laisserai engager la discussion sur nul autre point que celui du fait matériel qui sert de base à l'accusation. Oui ou non, voulez-vous assister les accusés? Si cela ne vous convient pas, j'y vais pourvoir à la minute, en nommant d'office pour conseil à chaque accusé, *un soldat pris au hasard dans la garnison.*

Les avocats se hâtèrent alors de réclamer la préférence ; mais en leur accordant la parole, le président leur recommanda d'être brefs.

— L'affaire est claire, dit-il, les faits sont constants, et la commission n'entend pas rester en séance jusqu'à demain.

MM. J. Mallein et Sapey, présentèrent d'abord la défense des cinq prévenus qui les en avaient chargés ; leurs plaidoiries ne durèrent pas vingt minutes, et le président leur dit cependant encore d'abréger, se plaignant que le jugement serait trop retardé si chaque défense était aussi longue.

Les deux avocats, ce premier devoir rempli, prirent successivement la parole pour les 24 autres prévenus. Dans l'ignorance du nom de la plupart, ils furent souvent obligés de les désigner par la couleur ou la forme de leurs habits ; et ce ne fut qu'à grand peine qu'ils purent être entendus une demi-heure pour 24 accusés, qui tous s'étaient trouvés dans des circonstances différentes.

— *Abrégeons ! abrégeons !* répétait à chaque minute le président ; nous savons à quoi nous en tenir ; tout cela ne fait rien à l'affaire. Abrégeons ! Abrégeons.

M. Vial, chargé de la défense de M. Morin, pharmacien à la Mure, fut entendu le dernier ; seul il avait été prévenu à temps, et il avait rédigé une défense écrite. A peine la lecture de cette défense était commencée, et il n'en était pas à la seconde page, lorsqu'il fut interrompu par le président.

— C'est une chose honteuse, M. Vial, de venir ici défendre un scélérat, un chef de brigands !

— Mais où sont les preuves qu'il soit coupable ?

Les preuves !...... il est inconcevable que vous les demandiez ; vous devriez rougir de vous constituer le défenseur d'un *misérable qu'on aurait dû fusiller sur place.*

— Mais, M. le président, je le répète, il n'existe par de preuves dans la procédure.

— Allez, allez, je n'ai pas besoin de procédure, je connais son affaire ; j'ai été sur les lieux et il est inutile de nous débiter tout ce gribouillage. Allons, aurez-vous bientôt fini ?

M. Mallein, au moment où le président interrompait ainsi le défenseur du pharmacien Morin, s'était levé avec vivacité.

— M. le président, dit-il, d'une voix vibrante et émue, les lois qui régissent les conseils de guerre, comme celles que suivent les tribunaux, veulent que tout accusé soit défendu. La loi au nom de laquelle nous parlons, nous permet, nous ordonne de dire tout ce qui peut les disculper ; mais en même-temps elle nous garantit des égards que nous n'obtenons pas !

— Ce que je dis-là interrompit le président, n'est ni pour vous, ni pour cet autre, ajouta-t-il, en désignant du doigt M. Sapey ; mais c'est cet autre qui nous fatigue avec ses phrases ; *il y a une heure que nous aurions fini sans lui.* Puis s'adressant à M. Vial : « Allons, puisqu'il faut vous entendre, continuez. »

Les conclusions du capitaine, faisant fonctions de procureur du roi, terminèrent la séance. La commission se retira pour délibérer. Bientôt après, elle rendit le jugement suivant :

Le 1er conseil de guerre, etc., condamne, à l'unanimité, les nommés : Jean Arnaud, Joseph Carlet, Jean-Baptiste Oste, Honoré Reynier, Louis Reynier, Antoine Ribaud, Ambroise Morin, Jean-Baptiste Richard, Jean-Baptiste Hussard, François Bar, Antoine Baffer, Christophe Allouard, André Allouard, Antoine Payraud, Jean Barbier, Jean Fiat Galle, Pierre Belin, Claude Piot, Jean-François Mury, Maurice Miard, Noël Allouard, *à la peine de mort*, en conformité de l'article 91, § 2, du code pénal civil du 15 février 1810, ainsi conçu :

» L'attentat ou le complot dont le but sera : soit d'exciter la guerre civile en armant ou en portant les citoyens à s'armer les uns contre les autres ; soit de porter la dévastation, le massacre et le pillage dans une ou plusieurs communes, seront punis de mort. »

» Condamne en outre les dénommés ci-dessus, aux frais de la procédure, et à ceux d'impression, affiche et publication du présent jugement.

» Mais, attendu que les nommés Pierre Belin, Jean-François Mury, Claude Piot, Maurice Miard et Noël Allouard père ont paru au conseil moins criminels d'intention ; et comme le conseil n'a pas le droit de changer la peine de mort, S. M. sera suppliée de la commuer en leur faveur.

» Le 1er conseil de guerre, à l'unanimité, décharge les nommés Dominique Paul, Joseph Pain, Eunemond Gerente, Louis Vial, Henry Chevalier, Louis Rochetta, Jacques Morel, Pierre Rouna, et Pierre Étienne Jat, de l'accusation portée contre eux ; en conséquence, ordonne qu'ils seront mis en liberté et renvoyés dans leurs foyers, en conformité de l'article 31 de la loi du 13 brumaire an V.

» Fait, clos et jugé sans désemparer, en séance publique, le 9 mai 1816. »

Au moment où ce jugement fut rendu, il était presque nuit, la salle était sombre, quelques rares spectateurs, parents ou amis des accusés étaient là, attendant avec une anxiété fiévreuse l'arrêt qui allait décider de la vie de tant de malheureux ; et ces mots : A LA PEINE DE MORT furent suivis d'un gémissement sourd et prolongé, sorti en même temps de toutes les poitrines, de tous les cœurs, comme d'une seule poitrine et d'un seul cœur. Glacés d'horreur par la présence des impitoyables satellites du pouvoir discrétionnaire, les assistants n'auraient pu, sans danger, se livrer aux douloureuses émotions dont ils étaient accablés ; on voyait seulement, lorsque la foule s'écoulait lente et silencieuse, que bien des larmes furtives avaient été essuyées en secret, bien des sanglots étouffés dans l'ombre.

Le conseil n'était pas encore séparé, quand une nouvelle scène vint encore ajouter aux déchirantes émotions de cette douloureuse journée; deux des citoyens les plus recommandables de la ville de Grenoble, MM. Camille Teyssère et Alphonse Perrier, tous deux députés aujourd'hui, ayant acquis pendant la séance du conseil de guerre, la certitude complète et la preuve irrécusable de l'innocence de deux des accusés, Hussard et Bar, s'empressèrent d'apporter cette preuve à leurs juges, à qui ils espéraient faire partager leur conviction; vain espoir! la sentence était prononcée, les innocents étaient CONDAMÉS A MORT. Leurs honorables défenseurs ne perdirent pas un instant, ils volèrent chez le général Donnadieu, et ils plaidèrent avec tant d'âme et de chaleur la cause des deux condamnés, que le proconsul, attendri, ne put retenir les larmes qui s'échappèrent de ses yeux au moment où il signa l'ordre de sursis, ordre que le conseil ratifia immédiatement par le jugement suivant :

» Le conseil, etc., réuni extraordinairement en vertu des ordres de M. le lieutenant général, pour délibérer sur les pièces à décharge en faveur des nommés Jean-Baptiste Hussard et François Bar, transmises à M. le rapporteur après le jugement rendu, a déclaré *à l'unanimité* qu'il sera sursis à l'exécution des dénommés ci-dessus, condamnés à la peine de mort. »

L'action des lois se trouvait violemment suspendue, il n'y avait pas plus de conseil de guerre que de tribunaux ; ce qu'on appelait du nom de conseil, n'était qu'une commission militaire, une véritable cour martiale, jugeant au nom du droit de la force ; en présence des accusés il n'y avait pour témoins, pour accusateurs, pour juges, que des soldats qui les avaient combattus la veille ; et à leur tête, ce farouche et sanguinaire président qui, après les avoir combattus et jugés, devait, le lendemain, présider à leur exécution. Les accusés essayèrent de faire entendre quelques explications qui les justifie ; le président leur ferme la bouche avec une brutalité sans exemple ; les avocats sont interrompus à chaque instant et traités avec la plus insolente brutalité; le droit sacré de la défense est méconnu ; on ne veut pas même entendre des témoins à décharge : « *Il y a eu révolte, voilà des pri-* » *sonniers, il faut les envoyer au supplice* ; » et on les condamne en masse à la mort, en vertu d'une loi applicable seulement à ceux qui organisent un complot !

De pareilles horreurs nous reportent aux temps les plus déplorables des Jefferies, des Fouquier-Tinville et des Carrier ; et encore lorsque l'odieux accusateur public du tribunal révolutionnaire fulminait ses atroces réquisitoires,

il pouvait s'inspirer des opinions dévergondées, furibondes de la multitude et de l'appui des sicaires qui applaudissaient à ses vociférations ; il pouvait avoir pour excuse l'entraînement des passions révolutionnaires ; il n'en était pas de même des monstrueux assassinats que le conseil de guerre sanctionnait par l'appareil dérisoire d'une condamnation judiciare, alors que toutes les sympathies populaires, éclairées, étaient pour les victimes, que l'immense majorité des citoyens ne pouvait regarder que comme des martyrs, et l'on s'est étonné des rancunes vivaces, des haines profondes que la restauration avait soulevées contre elle, et devant lesquelles elle a fini par succomber !

Le lendemain, vendredi, à 5 heures du soir, des nuées épaisses, grosses d'orages couvraient la ville et l'horison ; les lugubres éclats du tonnerre fesaient retentir au loin les échos des montagnes, on eût dit que le ciel voulait couvrir d'un crêpe de deuil le sacrifice impie qu'on allait consommer ; les rues étaient silencieuses et désertes, les portes de la ville étaient fermées, excepté celle de France qui conduisait sur l'immense esplanade où toute la garnison était formée en carré ; bientôt les lugubres roulements des tambours recouverts du drap mortuaire annoncent que le cortège approche : ce sont les 14 condamnés qui s'avancent lentement, accompagnés de 14 prêtres, au milieu d'une double haie de soldats. Arrivés sur l'esplanade, ils s'agenouillent sur le bord du fossé qui doit leur servir de tombeau ; cent hommes des légions de l'Isère sont là : ce sont eux à qui l'exécution est confiée. Aux cris de *vive l'Empereur*, poussés par les victimes, répond le commandement de *feu* du chef de peloton, et quelques secondes après quatorze hommes avaient cessé de vivre. Martyrs pour la foule, ils étaient morts en héros.

Quelques énergumènes firent entendre sur les cadavres fumants des victimes, *le cri de vive le Roi*. On peut leur pardonner, ils appartenaient aux dernières classes de la lie du peuple ; et peut-être avaient-ils été payés pour se livrer à cette ignoble manifestation ; mais de quel nom pourra-t-on flétrir les notabilités royalistes qui, le même soir, se réunirent en un repas de cent couverts à quelques pas du lieu de l'exécution ? Notre langue n'a pas d'assez énergique qualification pour de pareils forfaits. Cabréra, lorsque sur la Stuerta de Valence, il a fait égorger, sous ses yeux, au bruit des fanfares guerrières, de la musique et des toast de l'orgie 50 prisonniers christinos, a pu seul égaler les royalistes cannibales de Grenoble ; mais Cabrera avait sa mère à venger !......

Sur les 21 condamnés, 5 et parmi eux le jeune Miard, enfant âgé de 16 ans, avaient été recommandés à la clémence royale; deux autres,

Jean-François Bar et Antoine Hussard, reconnus entièrement innocents, étaient couverts par un sursis ; ils furent tous envoyés à la mort par une dépêche télégraphique, reçue le 14, par le général Donnadieu, et qui était ainsi conçue :

» *Le ministre de la police générale, au général Donnadieu.*

» Je vous annonce, par ordre du roi, qu'il ne faut accorder de grâce qu'à ceux qui ont révélé des choses importantes.

» *Les* 21 *condamnés doivent être exécutés, ainsi que David* (précédemment condamné par la cour prévôtale).

» L'arrêté du 9, relatif aux receleurs (la maison rasée), ne peut pas être exécuté à la lettre.

» On promet 20,000 fr. à ceux qui livreront Didier. »

Le 15, jour fixé pour l'exécution, Noël Allouard de St.-Martin-la-Motte, dont les deux fils avaient été fusillés le 10 ; Maurice Miard, âgé de 16 ans ; Claude Piot, âgé de 27 ans et dont le corps était couvert d'honorables cicatrices reçues à l'armée ; Pierre Belin, meunier à Livet, âgé de 44 ans ; Jean-François Mury, âgé de 24 ans ; Jean-Baptiste Hussard, âgé de 26 ans ; François Bard, âgé de 23 ans (ces deux derniers dont la complète innocence avait été positivement reconnue par le général et par le conseil de guerre) tombèrent sous les balles des deux légions ; en même temps que David montait sur l'échafaud et y mourait de la main du bourreau.

Émue à la vue de tant de cadavres, la compassion populaire semblait protester par le silence du désespoir contre les atroces vengeances de l'autorité. Le farouche proconsul, qui avait ordonné les exécutions, en fut tellement consterné qu'il recula lui-même, épouvanté devant son œuvre, et adressa au ministre de la guerre, la lettre que nous allons transcrire :

» Monseigneur, aujourd'hui à 4 heures les sept, des vingt-un condamnés à mort le 9 et dont l'exécution avait été suspendue, ont subi leur jugement. David a également subi son jugement.

» Monseigneur, autant ces châtiments sont salutaires lorsqu'ils suivent avec la rapidité de la foudre, le crime qui les a appelés, autant ils peuvent produire un effet contraire dans l'esprit des hommes ; alors que le calme est rétabli, et que l'idée du crime s'efface pour faire place à la commisération qu'inspirent des misérables, entraînés par de grands criminels sur qui seuls doit tomber désormais la sévérité des lois. C'est pour répondre, Monseigneur, à des ordres reçus aujourd'hui des ministres de la police et de la justice, provoquant les mesures les plus sévères d'exécution envers ces misérables, que j'ai l'honneur d'adresser ces réflexions à votre excellence.

» Ces ordres, adressés au procureur général et aux autres autorités, peuvent être mal interprétés dans l'intérêt essentiel de Sa Majesté ; je crois essentiellement nécessaire et utile, que des interprétations justes soient données pour que les châtiments à exercer ne tombent à l'avenir que sur la tête des principaux chefs ; qu'enfin, un zèle mal dirigé et qui n'est exalté souvent qu'alors que le péril a cessé, ne fasse pas imaginer que c'est en faisant couler des ruisseaux de sang qu'on peut servir une cause aussi juste, et qui ne peut être étayée que sur des principes de bonté et de douceur et non sur une cruauté inutile. »

Il est certain que cette lettre, où respirent quelques sentiments humains, peut prouver que ces sentiments n'étaient pas entièrement éteints dans le cœur du général Donnadieu ; mais, si, comme l'ont prétendu les journaux légitimistes, cette manifestation doit être considérée comme une flétrissure énergique de la dépêche télégraphique du ministre Decazes, il faut convenir en même temps que, trop tardive pour avoir le mérite de la spontanéité, elle a frappé d'une réprobation non moins méritée, la conduite des autorités qui n'ont voulu ni prévenir l'explosion, ni résister à l'ivresse de la vengeance.

Une affiche annonça le 17 mai, que des récompenses considérables seraient accordées à ceux qui livreraient MM. Charvet, huissier à Vizille ; Durif, maire à Vaujany ; Dussert, dit le *guide d'allemon* ; Arribert, Dufresne et Guillot, officiers à demi-solde ; et une somme de 3,000 f. pour chacun des deux chefs Biollet et Brun, le dernier ancien colonel et tous complices de Didier. Pour la capture de ce chef 20,000 fr. étaient promis selon l'ordre contenu dans la dépêche télégraphique.

On remarquera qu'il n'a pas été question de MM. B*** et J***, de ce dernier surtout qui avait cherché à embaucher les douaniers ; ce que l'autorité n'a jamais ignoré, et je reviendrai sur cette remarque pour en tirer une conclusion rigoureuse, mais nécessaire.

Le lendemain 18, on apprenait que Didier avait été arrêté.

Après l'échauffourée du 4 au 5, Didier, dont cet échec n'avait ébranlé ni le courage ni la résolution, était parvenu, à travers mille dangers, à gagner les montagnes vers la frontière, et s'était réfugié dans la maison d'un de ses affidés, le sieur Robelin. Suivi en quelque sorte à la piste par les dragons de la Seine, il parvint encore à leur échapper, en sautant d'une fenêtre élevée ; mais il se foula un pied en tombant et ne put continuer sa route qu'à l'aide de deux de ses compagnons d'infortune, Dussert et Cousseau, qui le soutenaient et étaient souvent obligés de le porter.

Les trois fugitifs traversèrent dans cet état la Maurienne et arrivèrent à St.-Sorlin, pauvre village où ils passèrent la nuit dans la grange de l'aubergiste Balmain.

Le lendemain, Dussert et Cousseau écrivirent quelques lettres qu'ils confièrent à un exprès pour les porter à Grenoble ; celui-ci confia le secret de leur retraite à un misérable, Jean-Baptiste Sert, qui, séduit par l'appat de la récompense de 20,000 fr. promise à celui qui livrerait Didier, se rendit auprès du général Donnadieu et lui révéla tout.

Muni des instructions du général Donnadieu, Jean-Baptiste Sert alla lui-même, accompagné de quelques carabiniers Sardes, arrêter Didier et ses compagnons, qui s'étaient réfugiés dans un moulin, et les livra à un détachement français placé, d'après ses indications, sur la frontière. Le 23 mai, Didier était ramené prisonnier à Grenoble, et le *Moniteur* annonçait son arrestation comme une victoire ; Jean-Baptiste Sert a acheté bien cher la récompense qui a été donnée à sa trahison : il est devenu un objet d'horreur pour ses compatriotes, qui l'ont fui comme un lépreux.

L'état de siége ayant été levé le 30 mai, la procédure des conseils de guerre se trouva interrompue ; la cour prévôtale reprit ses fonctions et Didier fut traduit devant elle le 8 juin.

Amené libre devant la cour, Didier s'y montra avec une contenance calme et résignée, sans bravade comme sans peur ; il était vêtu d'un habit brun, sa barbe était longue, sa tenue négligée, et on voyait sur sa figure pâle et régulière, des traces des souffrances physiques et morales dont il était accablé ; et cependant l'air de noblesse et de dignité qui l'avait toujours distingué, ne l'avait pas abandonné.

Sur les bancs situés en face de l'accusé, étaient les officiers supérieurs de la garnison, derrière lesquels étaient les notabilités royalistes. Le préfet occupait un siège derrière le grand prévôt.

Le prévenu promena un regard assuré sur l'assemblée et répondit sans timidité comme sans emphase aux questions qui lui furent adressées ; nous allons choisir parmi ses réponses, celles qui rentrent plus spécialement dans le cadre que nous nous sommes tracé.

Quelques témoins ayant déposé que Didier annonçait l'arrivée de Napoléon II et de Marie-Louise, le président lui demanda s'il n'avait pas répandu ces bruits absurdes parmi le peuple pour l'entraîner à la guerre civile.

— Je n'ai point, répondit Didier, répandu le bruit du retour de Bonaparte ni de l'arrivée à Grenoble de Napoléon II ; je n'ai pas parlé de Marie-Louise ; que ceux qui étaient avec moi en aient parlé, je l'ignore, pour moi je n'ai rien dit de semblable.

endant les témoins s'accordent à rapporter ces bruits qui, très problablement venaient de vous ?

— Non Monsieur, je parlais de proclamer l'indépendance nationale ; *je voulais chasser les Anglais de la France, et le nom dont je me servais.....*

— C'était ?

— Napoléon II.

— Votre projet était évidemment de livrer la ville au pillage et au massacre. Auriez-vous pu d'ailleurs vous y opposer, si vous étiez entré à Grenoble ?

— Parmi ceux que je commandais, les trois cinquièmes étaient des militaires et par conséquent des hommes disciplinés, et je comptais sur ceux-là pour maintenir l'ordre ; mon intention était si peu celle qu'on me suppose, que des sentinelles devaient être placées aux maisons de ceux qu'on désignait comme devant courir quelques dangers. Au moment de partir pour Éybens, je rassemblai mes compagnons et je leur dis : « Courage ! tout va bien, mais gardons-nous d'attenter aux personnes et aux propriétés, ne souillons pas une si belle cause. » J'ai pu me tromper, mais j'ai toujours pensé que je pourrais éviter l'effusion du sang et le désordre. Je n'aurais pas voulu m'attirer les reproches des..... (*Hésitation*).

— Les reproches des ?.....

— Des puissances..... j'avais la persuasion, je l'ai encore en ce moment, que si j'étais entré à Grenoble, je n'aurais point été repoussé. En trente-six heures j'étais maître de Lyon et bientôt après de toute la France. (*Mouvement dans l'auditoire royaliste*).

— Est-ce vous qui avez fait allumer des feux sur la montagne d'Éybens, à la Bastille et ailleurs.

— Oui : ces feux devaient se correspondre entr'eux et généraliser le signal d'appel aux amis de la liberté.

— Lorsque vous avez été arrêté, n'aviez-vous pas sur vous des sommes considérables en lettres de change ?

— Je n'avais sur moi que 68 francs et quelques papiers.

— Quels étaient ces papiers ?

— Une proclamation, où je donnais pour mot de ralliement *Saint Chaffre....* ; une lettre aux Marseillais, où je rappelais à ces anciens amis de la liberté, que toutes distinctions d'opinions devait s'effacer devant la cause de l'indépendance nationale ; *une lettre à l'évêque de Grenoble* ; une proclamation aux puissances, et ce que les gendarmes Sardes ont appelé mon testament et qui n'était autre chose qu'une déclaration de mes actions et de mes projets, que j'avais rédigée la veille pour la léguer à mes enfants.

Après avoir reproché à Didier d'avoir entraîné une foule de malheureux dans une entreprise

désespérée et qui ne pouvait offrir aucune chance de succès, le président, qui ne voulait qu'irriter l'amour-propre de l'accusé et l'amener à développer ses moyens et ses ressources, lui fit cette question :

— Alors à quoi attribuez-vous l'insuccès de cette entreprise, qui, d'après vous, avait été si bien combinée ?

— D'abord parce que la volonté de la Providence n'a pas été de couronner par le succès, le plan que j'avais formé ; plus particulièrement sur ce que le détachement de l'Oisans, qui avait reçu un faux avis d'un homme, n'arriva pas, et qu'ainsi nous ne nous trouvâmes pas tous réunis, comme nous devions l'être à la porte de Bonne. De plus, je comptais sur les *douaniers et sur leur chef qui manquèrent à Jouanini qui, avec Biollet étaient les seuls avec qui je fusse en relation, et qui en avaient eux-mêmes avec les douaniers.*

Jouanini se chargea de traiter avec eux et m'assura que j'y pouvais compter. Je lui avais dit que dans le cas où j'obtiendrais leur coopération, *ils devaient s'échelonner dans diverses communes, pour se rendre les maîtres de leurs mouvements et servir ainsi, comme troupe reglée, à maintenir l'ordre.*

Jouanini me rendit compte le samedi de ses démarches à cet égard, et je le renvoyai avant le 2 pour prendre l'engagement d'honneur de ces employés, afin que si cet engagement n'était pas donné, je pusse contremander tous les mouvements, en ayant encore le temps, pendant les journées de jeudi et de vendredi ; *mais Jouanini vint me dire que l'engagement avait été pris et que je pouvais y compter.*

Ramené dans son cachot, Didier fut pressé de questions par M. Aymar, inspecteur général de police, sur ses relations avec les douaniers. M. Aymar lui demanda surtout, en lui faisant sentir que son silence compromettait M. Badon, directeur à Grenoble, quel était le chef sur lequel il avait compté.

— M. Adine, inspecteur à Pontcharra. J'étais persuadé que les douaniers devaient se rendre, en partie, à Eybens, et que le reste aurait été échelonné jusqu'à Grenoble et aurait entraîné la population de la vallée entière.... Lorsqu'à dix heures du soir, je vis que les douaniers m'avaient manqué de parole, j'avais envie de prendre d'autres mesures et peut-être de reculer; mais il n'en était plus temps.... Les arrestations qui eurent lieu épouvantèrent les hommes que j'avais dans l'intérieur de la ville, et les empêchèrent d'agir.

— Vous ne saviez donc pas que M. Adine était, depuis six semaines, retenu au lit par un rhumatisme inflammatoire et goutteux, et que, le 2 au matin, il s'était mis en route pour les eaux d'Aix en Savoie ?

— Si je l'eusse su !..... répondit-il, en se frappant le front. On m'a donc cruellement trompé.

Dans sa plaidoirie, Didier revint encore sur la coopération des douaniers, et s'exprima en ces termes : « *Comme je crois l'avoir dit, je refusai la coopération des douaniers, j'ai voulu seulement qu'ils s'échelonnassent sur divers points, pour prévenir toute espèce de désordre.*

Par une fatalité qui serait remarquable si l'interrogatoire secret que Didier avait subi dans son cachot, n'avait pas précédé sa plaidoirie, les douaniers, pendant la fatale nuit du 4 au 5 mai, avaient été effectivement échelonnés sur divers points afin de prévenir tout désordre ; et il est évident qu'en lui suggérant la pensée de désigner M. Adine, on lui avait suggéré en même temps l'idée des dispositions qui avaient été prises, ainsi qu'on le supposait d'après ses ordres.

Nous reviendrons bientôt sur les déclarations incohérentes et contradictoires de Didier, et nous en ferons voir toute l'invraisemblance. Achevons d'abord le récit de son mémorable procès. Nous allons d'abord reproduire les passages les plus intéressants de sa défense. M. Romain Mallein soutint vivement l'accusation. Didier prend la parole en ces termes :

« Messieurs, la gloire a un tel attrait que les hommes la mettent au-dessus de tout et la préfèrent même à la pensée de la mort. Cette pensée de Pascal m'avait souvent frappé ; elle semblait me présager la destinée qui m'attendait. J'avais réfléchi sur les moyens de me l'appliquer à moi-même, à mes derniers moments. .... Je ne suis pas du nombre des hommes qui ne regardent la mort que comme le terme de cette vie, sans y voir le commencement de l'autre ; la nature humaine répugne à sa destruction et cependant la crainte de la mort ne me domine pas ; mais je ne saurais vaincre et surmonter l'effroi que me cause la pensée de paraître devant la justice éternelle. Les principes et les devoirs religieux seront la base de ma défense.

» Mes sentiments religieux ne datent pas de ce jour. A l'avènement de Bonaparte, lorsque le nouveau dominateur de la France s'occupait à relever les autels, je redigeai une brochure intitulée : *Retour à la religion.* Ma production fut présentée à Bonaparte par M. Savoie Rollin, à qui il dit, après l'avoir lue : « Quand on écrit ainsi, c'est une lâcheté de ne pas se nommer. » Voilà pourquoi la dernière édition porte mon nom. Cet ouvrage me fournit des réponses bien péremptoires aux accusations de M. le procureur du roi. Non, ce n'est pas la mémoire d'un brigand que je dois laisser à mes enfants. On pourra dire que leur père a été égaré, mais jamais qu'il chercha ses intérêts dans les malheurs de la France.....

» Ma tentative a déjà coûté la vie à bien des

malheureux ; elle a plongé bien des familles dans le désespoir, elle a éveillé le soupçon sur un grand nombre de citoyens, elle en a conduit plusieurs au supplice. Oh ! certainement, ce sont-là de grands maux..... J'ai sans cesse présentes ces familles, qui me demandent compte des membres que je leur ai enlevés. Je m'attendais à des reproches de la part de ces malheureuses veuves qui ont été entendues hier par la cour ; mais non, elles ont respecté mon infortune ; grâces leur soient rendues. Quoi qu'il soit vrai que je n'aie trompé personne, et que tout ce que l'on a dit de contraire ne soit que calomnie et iniquité.... je ne forme qu'un vœu, c'est que l'on mette un terme aux rigueurs que l'on exerce envers les malheureux que j'ai entraînés dans ma ruine ; ils sont innocents, seul je suis coupable, moi seul je dois expier le crime.

» Je puis dire, et je prends Dieu à témoin, que cette entreprise que j'ai suivie à travers mille périls renaissants, mille fatigues, mille obstacles, cette entreprise n'a eu aucun principe d'intérêt personnel ; elle n'en a eu d'autre que l'intérêt du peuple qui me paraissait malheureux ; j'ai pu me tromper, mais du moins qu'on ne cherche pas à me faire un crime des motifs qui m'ont dirigé. J'ai parcouru bien des chaumières, et c'est là que j'ai puisé l'exaspération qui m'a fait commencer cette entreprise qui va me conduire à l'échafaud.

» Je m'étais nourri des pensées de Pascal et de Cicéron que j'avais pour compagnon de pèlerinage ; je n'ai donc voulu commettre aucun attentat. Je m'étais fait à moi-même l'objection qui m'a été faite ici, d'être maître de ma troupe, assez pour la diriger. Mais mon détachement était composé en grande partie de militaires qui devaient prévenir le pillage et les excès, et je ne doute pas que ce moyen n'eût complètement réussi. J'ai été coupable, sans doute, d'avoir formé un attroupement à main armée ; mais, je le répète et je l'ai prouvé, j'aurais empêché le désordre par ma fermeté. Le ciel n'a pas voulu que mes desseins aient réussi ; eh bien ! je me soumets. »

Me Motte, avocat de Didier, prend ensuite la parole, et, après avoir dit qu'il n'appartient pas à l'accusé de renoncer à des moyens qui peuvent lui sauver la vie, discute les charges de l'accusation. Le défenseur termine en suppliant la cour de recommander Didier à la clémence du roi.

La cour se retire pour délibérer. Durant sa délibération, Didier, qui a inutilement demandé du papier à un huissier, déchire la couverture d'une brochure qu'il tient à la main et écrit dessus quelques lignes qu'il fait passer à ses juges, et dans lesquelles il leur demande de ne pas s'occuper de le recommander à la clémence du roi : « j'ai fait mon sacrifice, disait-il, dans » cet écrit, ma famille saura faire le sien. »

Le lendemain, 10 juin, à 11 heures du matin, Didier était conduit à la mort. Son exécution avait attiré un petit nombre d'ultra-royalistes. Le reste des habitants de Grenoble s'était enfermé en signe de deuil. Accompagné du curé de St.-Louis, Didier s'avança d'un pas ferme jusqu'à l'échafaud ; là il s'arrêta, fit un mouvement de tête pour se débarrasser de son chapeau, et embrassa le curé. Sa physionomie, légèrement altérée par un mouvement de sensibilité au moment où, dans ce suprême adieu, il recommandait sa famille au vénérable ecclésiastique, reprit aussitôt son expression de calme et de sérénité ordinaire. Une minute après il avait cessé de vivre.

On a dû remarquer que dans ses interrogatoires, Didier, plein d'abandon, quand il ne s'agissait que de lui, s'est montré plein de réserve et, on peut même le dire, de générosité, lorsque ses paroles pouvaient compromettre ses véritables complices ; et s'il n'a accusé nominativement que M. Adine et les douaniers, que faut-il en conclure, sinon que si, trompé pas des rapports infidèles il a pu compter sur leur concours, ce concours n'avait cependant pas été promis ? (Il avait été au surplus positivement refusé le 3 mai). C'était d'ailleurs le cas où jamais de faire intervenir les douaniers comme témoins ; sinon comme accusés ; mais on craignait leurs révélations, on était pressé d'en finir avec Didier, et d'une affaire purement judiciaire, on préféra faire une affaire de police.

L'accusation de Didier, contre les douaniers, étant parvenue à Paris, les journaux ultra-royalistes, entr'autres la *Quotidienne*, portèrent contre eux une accusation formelle, qui força le gouvernement à envoyer sur les lieux, comme inspecteurs généraux extraordinaires, MM. de Rougemont, directeur des douanes à Paris, et Moroges, inspecteur général de la même administration.

M. Adine se trouvant en Savoie, où il prenait les eaux, ce fut sur moi seul que retombèrent à peu près toutes les informations et la responsabilité. On me donna, pendant quelques semaines, la ville pour prison, et j'eus à subir, presque chaque jour, les interrogatoires de MM. Aymar, inspecteur général de police ; de Montlivault, préfet ; Bastard-de-l'Estang, commissaire général extraordinaire ; et enfin des deux inspecteurs généraux des douanes. Ces divers fonctionnaires reconnurent aisément que si nos actes étaient irréprochables, nos sentiments politiques et nos intentions l'étaient moins, et lorsqu'ils eurent acquis la certitude que les menaces, pas plus que les promesses les plus magnifiques, ne me décideraient jamais à dénoncer M. Adine, ils se décidèrent à me suspendre de mes fonctions et à me donner l'ordre de quitter Grenoble et le département dans les vingt-quatre heures.

« Je vais rapporter textuellement la lettre que je reçus plus tard de M. le Comte de St. Cric, conseiller d'état, directeur général des douanes.

» Paris, le 30 septembre 1816.

». La conduite que vous avez tenue, Monsieur, à l'occasion des mouvements séditieux qui ont eu lieu dans le département de l'Isère, et notamment du 1er au 4 mai, a été vérifiée avec le plus grand soin. Le résultat de cette vérification, d'accord avec les notions parvenues d'ailleurs au gouvernement, a donné la preuve *que si vous n'avez pas favorisé les conjurés, vous n'avez pas fait non plus ce que vous pouviez et ce qui dès-lors était pour vous du devoir le plus absolu pour déjouer à temps leurs projets d'après ce que vous en connaissiez.*

». Ce tort est tellement grave, que j'ai dû soumettre à son excellence le ministre des finances, la détermination qu'il convenait de prendre à votre égard, en lui annonçant que depuis le mois de juillet vous aviez cessé d'être employé. S. E. a décidé sur ma proposition, *que vous resteriez suspendu de vos fonctions indéfinitivement*; et au moins jusqu'à ce que le temps vous ait fourni l'occasion de manifester des sentiments que vous avez justement rendus suspects au gouvernement.

» En vous trouvant ainsi écarté de l'administration, vous devez vous estimer heureux de conserver l'espoir d'y rentrer, si par une fidélité suffisamment éprouvée et exemplaire de vos devoirs comme français, vous lui donnez un jour la certitude qu'elle peut vous rendre sa confiance.

» J'ai l'honneur, etc.

» *Signé* DE St. Cricq. »

Envisagée du point de vue de l'opinion qui dominait alors, la mesure qui venait briser une carrière qui s'était ouverte pour moi sous les plus brillants auspices, n'avait rien que de naturel et de juste, et, malgré mon extrême jeunesse, je m'empressai de le reconnaître, en manifestant seulement le regret de voir enveloppés, dans la même disgrâce, plusieurs de mes camarades qui s'étaient, sans le vouloir et même sans le savoir, trouvés mêlés à mes démarches.

Les uns nous ont reproché de n'avoir pas accepté franchement les propositions de Didier et de n'avoir pas marché résolument sur Grenoble ; d'autres nous ont fait un grief de n'avoir pas refusé nettement le concours qui nous était demandé, refus qui aurait probablement engagé Didier à renoncer à son entreprise ; d'autres enfin, nous ont imputé à crime de n'avoir pas

averti à temps l'autorité des propositions qui nous avaient été faites.

Je me hâte d'écarter le dernier reproche. Était-ce donc à nous, dont on se défiait et qu'on laissait à l'écart, à jouer le rôle de délateurs ou d'espions, lorsque la conspiration qui courait les rues, était l'objet des entretiens de tous les cabarets? Pouvions-nous d'ailleurs ignorer que l'autorité, suffisamment instruite, voyait tout et laissait faire, quand personne de nous n'ignorait que la garnison piémontaise de Chambéry était renforcée et que plusieurs jours avant l'explosion un commissaire général extraordinaire, muni des pouvoirs les plus étendus, M. Bastard de l'Estang, avait été envoyé à Grenoble à la suite de Didier, par le ministre de la police ; M. Decazes, qui fesait sans doute plus tard allusion à cette mesure, lorsqu'il disait à la tribune » que le gouvernement était averti, depuis trois » semaines, et avait pris des précautions qui » avaient atténué le mal? » »

Voyons si nous pouvions d'avantage accepter, sans hésitation, une demande de concours.

Une seule personne, M. Adine, inspecteur des douanes à Pontcharra, aurait pu prendre, au nom des douaniers, l'engagement de participer à l'insurrection ; son grade, sa position, l'influence dont il jouissait, l'importance du concours qu'il pouvait prêter, valaient bien la peine que Didier se mît en relations avec lui. Eh bien ! *Didier a avoué qu'il ne l'avait jamais vu*, qu'il n'avait jamais eu de relations directes avec lui, qu'il avait même ignoré la maladie qui, après avoir retenu cet inspecteur au lit pendant six semaines, l'avait forcé de partir le 2 mai, pour les eaux d'Aix, en Savoie.

Didier a déclaré, il est vrai, que Jouanini et Biollet, les seuls avec qui il ait eu des relations, en avaient eux-mêmes avec les douaniers, et que Jouanini chargé de prendre, avant le 2 mai, leur engagement d'honneur de se trouver au rendez-vous, lui avait annoncé que cet engagement avait été pris ; eh bien ! *ni Jouanini ni Biollet n'ont jamais vu ni M. Adine, ni aucun de ses lieutenants.* Avant la déclaration de Didier, M. Adine et ses lieutenants n'avaient jamais entendu prononcer les noms de Jouanini et de Biollet.

Les seules personnes de qui M. Adine ait reçu des confidences, ont été MM. B***, notaire à la Pierre, et J***, capitaine en demi-solde à Tenin ; le premier, connu dans le pays pour un indiscret et un causeur ; le second, dépourvu de toute consistance et n'ayant rien de ce qui aurait pu faire croire à la sincérité de sa mission.

J*** s'est-il présenté avant le deux? Non, il n'a paru que le deux à Pontcharra, il n'a eu qu'un entretien de quelques minutes avec M. Adine, au moment où celui-ci montait en voiture, pour se rendre aux eaux d'Aix. Sans doute les dispositions de M. Adine étaient hostiles au gouvernement, et un complot destiné à le renverser, était probablement de nature à lui sourire ; mais outre que son état de faiblesse ne lui permettait pas de prendre part à une campagne active, il n'était pas tellement dépourvu de sens qu'une simple proposition de la part d'un petit notaire de village ou d'un capitaine à demi-solde, pût le décider à se jeter, tête baissée, dans une entreprise désespérée. Admettre sa promesse, en pareil cas, ce serait plus que l'accuser de folie ; ce serait l'accuser d'une lâcheté dont il était incapable ; M. Adine n'était pas homme, s'il eût promis le concours de ses subordonnés, à les abandonner au moment du danger. Il savait bien que lui seul pouvait, comme il l'avait déjà fait tant de fois, les mener au combat. Il s'y serait plutôt fait porter. Il n'a donc rien promis ; il ne pouvait rien promettre ; il est mort hélas ! respect à sa tombe.

Simple officier et à peine âgé de 23 ans, avais-je mission de prendre un engagement que M. Adine avait éludé ? Je ne l'ai pas pris, j'ai voulu avoir le temps de la réflexion, je n'étais là que pour moi. Sans doute, le renversement du gouvernement d'alors était l'objet de mes plus chers désirs ; mais dès qu'il s'agissait de faire un appel aux sympathies de mes camarades, je devais consulter la raison plutôt que mes propres sentiments, puis les consulter eux-mêmes, et si la raison me disait que l'idée de renverser, avec une poignée d'hommes indisciplinés et sans chef connu, un gouvernement appuyé par les bayonnettes étrangères, tenait de la démence ; si elle me disait encore qu'une conspiration si étourdîment proclamée, n'était qu'une machination de la police et J***, Dieu veuille que je ne l'aie pas calomnié, un agent provocateur ; si, enfin, mes camarades partageaient mes doutes, mes craintes, mon hésitation, je ne pouvais rien promettre : aussi je n'ai rien promis le 2 mai.

Didier a-t-il dit que nous ayons promis ? Loin de là, il a déclaré, dans son interrogatoire public, qu'il s'en était rapporté à cet égard aux assurances de Jouanini ; et quant à la suite de son interrogatoire secret où il apprit que M. Adine, malade, perclus, hors d'état d'agir, avait quitté la France le 2 mai au matin, et qu'il n'avait jamais vu Jouanini, il déclara dans son plaidoyer, *qu'il avait refusé le concours des douaniers.*

On comptait sur vous ; il fallait marcher sur Eybens...... Comment : avec la presque certitude de les livrer au bras de la police, c'est-à-dire du bourreau, il fallait entraîner dans une entreprise dépourvue de garanties, sans chef connu, sans ressources, dans une entreprise désespérée en un mot, des centaines de braves gens qui, confiants dans notre patriotisme éprouvé, se seraient décidés à nous suivre ?

Il fallait sur la foi d'un comité invisible, d'un chef de complot que nous ne connaissions que comme un émigré, et qui dailleurs ne s'était pas adressé directement à nous, exposer une noble ville, une province entière aux sanglants et inutiles conflits d'une guerre civile ! Jouer notre tête, passe encore ; mais elle ne pouvait peser d'aucun poids dans la balance ; et cependant nous n'avons pas hésité, pour prévenir de plus grands malheurs, à l'exposer à la vengeance des insurgés et à celle du pouvoir discrétionnaire, qui l'ont également menacée.

J'aurais dû refuser nettement... rien de plus aisé à dire après l'événement et surtout lorsqu'on envisage les choses du point de vue purement gouvernemental ; mais qu'on se reporte au temps où l'événement a eu lieu ; qu'on ne perde pas de vue que la conspiration souriait à nos idées ; que si elle eût présenté une seule chance de succès sur dix, elle n'aurait pas eu de coopérateurs plus ardents et plus dévoués que nous, et on comprendra combien était difficile notre position, placés que nous étions entre nos passions politiques, qui nous disaient d'agir, et la prudence la plus vulgaire, qui nous défendait de nous jeter, tête baissée dans un projet que sa publicité faisait universellement regarder ou comme chimérique ou comme l'œuvre de la police, et que nous ne pouvions ainsi ni accepter ni rejeter de prime abord.

Un refus était sans doute ce qu'il y avait de plus simple pour me mettre personnellement à l'abri de tout danger ; mais dans l'hypothèse où M. J*** eût été un agent provocateur, et cette hypothèse cruelle ne semblait que trop justifiée en apparence par l'extravagance de ses propositions, et par la manière insolite dont elles étaient présentées. Que devenaient mes camarades si, moins clairvoyants que moi, ils s'étaient laissé aller aux obreptions de ce personnage ? Que devenaient tant de personnes estimables, déjà entraînées et presque compromises ? Que devenait surtout la responsabilité de M. Adine, responsabilité dont j'étais en quelque sorte le gardien ?

M. J*** était venu chercher un engagement explicite, irrévocable ; au lieu de prendre cet engagement, je lui ai demandé le temps de la réflexion et j'ai ajourné ma réponse au lendemain ; et pour un homme investi, si toutefois il l'était, d'une mission de vie ou de mort, et ayant à cœur de la remplir sérieusement et consciencieusement, il est évident que de pareils atermoiements devaient équivaloir à un refus ; en pareil cas, en effet, ne pas promettre c'est refuser. Ce refus net, positif, a d'ailleurs été notifié le 3, à deux heures du soir à MM. J*** et B*** en personne ; ils avaient encore bien du temps devant eux pour avertir soit Didier, soit Jouanini, soit Biollet ; s'ils ne l'ont pas fait, c'est que leur mission n'était pas sérieuse, c'est qu'elle n'était peut-être rien moins que loyale ; et quels soupçons ne doit-on pas concevoir quand on sait que J*** qui, pas plus que B***, n'était allé au rendez-vous d'Éybens a été arrêté par les douaniers dans la nuit du 4 au 5 mai, au moment où il passait la frontière pour aller se réfugier à l'étranger, et n'a pas été poursuivi à cette époque.

Que si J*** ayant reçu de MM. Jouanini et de Biollet, qu'il ne nous a pas nommés, et que nous ne connaissions d'ailleurs pas, la mission d'obtenir de nous une promesse de concours, ne les a pas, malgré notre recommandation expresse, avertis de l'insuccès de cette mission, lui seul est resté responsable envers eux ; nous n'étions pas en position d'avertir des gens que nous ne connaissions pas ; nous ne pouvions pas même avertir Didier que nous ne connaissions pas davantage et dont l'asile nous était alors d'ailleurs inconnu. A défaut de J*** un avis ne pouvait-il pas encore partir de Lumbin où se trouvaient des personnes initiées plus avant que nous dans le complot. Nous avions donc fait, pour prévenir le mouvement, tout ce qu'il était humainement possible de faire.

J***, contre qui aucune poursuite n'avait été dirigée dans le principe, était cependant resté longtemps fugitif ; en 1817, dénoncé dit-on par son frère à qui il avait demandé de l'argent, il fut de la part du grand prévôt l'objet d'une espèce d'information judiciaire. A-t-il dit que je lui eusse fait des promesses ? Bien loin de là ; il a déclaré que les premières confidences, les premières propositions étaient venues de moi....... de moi qui ne les connaissais pas ; de moi qui n'avais jamais entendu prononcer son nom, lorsque le 2 mai je fus obligé de lui répondre au nom de M. Adine ! de moi qu'il était venu trouver à Pontcharra spontanément, comme mandataire, soit de Didier, soit de Jouanini ou de M. Biollet ! Aussi M. Desmortiers, juge d'instruction, devant qui j'avais été appelé en même temps que le capitaine Peltier, en vertu d'une commission rogatoire du grand prévôt, ne put-il s'empêcher de sourire lorsque je répondis à cette absurde déclaration.

— » Avais-je besoin des conspirateurs ? ou » bien avaient-ils besoin de moi ? J*** est venu » à Pontcharra où je résidais ; était-il donc venu » y chercher mes propositions ou m'apporter les » siennes ! »

Réponse qui mit fin tout-à-coup à mon interrogatoire qui n'eut aucune suite.

A peu près à la même époque MM. Biollet et Brun, autres complices de Didier, furent également mis en jugement. M. Biollet avait été désigné par Didier lui-même comme un de ses intermédiaires avec les douaniers, et c'était le cas de nous confronter avec lui ; mais M. Biollet se garda bien de faire la moindre allusion à la prétendue mission dont il aurait été chargé. Il était trop homme d'honneur pour dire un mensonge. Les magistrats, qui craignaient sans doute nos révélations, se gardèrent bien, de leur côté, de nous appeler, et la cour prévôtale se borna à condamner ces deux accusés à cinq ans de prison, que la clémence royale réduisit à un an. M. Biollet vit encore ; j'ai la certitude qu'il ne me démentira pas.

Que doit-il résulter de tout ce qui précède ? Que nous ne pouvions rien promettre le 2 mai, alors que, produite par des inconnus sans consistance, la conspiration ne nous apparaissait que comme une insigne folie, sinon comme un piége ; que, regardant le projet de rassemblement à Éybens comme une des mille fables qui circulaient publiquement alors, et craignant néanmoins d'avoir été mal compris, nous n'avons pas hésité, dans l'espoir d'arracher, à tout événement, quelques dupes au danger, et d'arrêter l'explosion du complot, d'aller notifier, dès le 3 mai, un refus net, explicite, qui ne laissait plus aucun doute sur nos dispositions, et qu'en agissant ainsi nous avons fait tout ce que la délicatesse la plus scrupuleuse pouvait exiger de nous.

On a objecté dans le temps qu'en échelonnant nos troupes dans la vallée du Gressivaudan, nous avions peut-être voulu, en cas de succès des insurgés, nous ménager les moyens de nous joindre à eux : cette supposition était toute gratuite ; le refus de concours notifié à MM. J*** et B*** ; la déclaration écrite remise à M. Santon ; les avis donnés aux maires et au commandant du fort Barreaux ; les précautions prises pour garantir le fort d'un coup de main ; le rapport fait au directeur de Grenoble par M. Peltier ; et enfin, notre absence d'Éybens avaient rompu tous les liens avec l'insurrection, dont nous n'avions plus à attendre qu'une impitoyable vengeance, que son insuccès même ne nous a pas épargné. L'échelonnement, tel qu'on a voulu l'entendre, n'a existé que dans l'imagination de Didier ; les brigades des douanes ne sont pas sorties de leur rayon légal ; elles n'ont pas approché Grenoble de plus de cinq lieues ; loin de chercher à se rapprocher du théâtre de l'insurrection, elles se sont plutôt rapprochées de la frontière, parce que là il y avait une surveillance à exercer, une frontière à défendre contre toute tentative de violation de territoire de la part des Piémontais, une place importante à mettre à l'abri d'un coup de main. Si les brigades ont été échelonnées dans ce sens, ce n'a été qu'une conséquence de leur organisation, de leur service habituel, des précautions prises pour maintenir l'ordre en cas d'événement.

La dépêche du capitaine Peltier n'est arrivée qu'à 8 heures du soir, elle pouvait y arriver 2 heures plutôt et on a conclu que ce retard était l'effet d'un calcul ; il est fort possible que M. Peltier ne se soit décidé qu'au dernier moment, et sans doute à contre-cœur, à rendre compte de ce qui se passait. Loin de lui en faire un crime, on devrait au contraire le féliciter de n'avoir pas voulu se faire un mérite de l'accomplissement d'un pénible devoir, alors que sa propre responsabilité l'avait en quelque sorte forcé à le remplir ; il est si pénible, même quand le devoir nous y oblige, de ressembler de près ou de loin à un dénonciateur !!!! Il a d'ailleurs été prouvé que M. Peltier doutait de la réalité du complot, et que le retard du cavalier, causé surtout par son intempérance, n'a pu avoir sur les mesures à prendre aucune influence.

Au moyen-âge et sur tout au temps heureux des Louis XI et des Machiavel, le fer et le poison étaient les moyens dont on se servait pour se défaire d'un ennemi, d'un homme dont on voulait se débarrasser ; aujourd'hui la calomnie, grâce aux mille voix de la presse, remplace le fer et le poison, elle suffit à tout ; on poignarde un homme à coups de calomnie, et il en coûte moins.

> Le pauvre en sa cabane où le chaume le couvre,
> Est sujet à ses lois ;
> Et la garde qui veille aux barrières du Louvre,
> N'en défend pas nos Rois.

» Vous êtes un homme d'esprit et de talent, mais..... » Et la calomnie tue son homme, comment prouver qu'on n'a pas fait une chose même impossible ? Par une négation ! Mais on ne prouve pas une négation, et de l'imputation la plus absurde il reste toujours quelque chose. Il sied mal au surplus de déplorer de vulgaires infortunes, alors que, venant en aide à la carabine de Darmès, les calomnies des partis accusent Louis-Philippe d'avoir conspiré avec Didier ; le roi prouvera-t-il qu'il n'a pas conspiré ou qu'on n'a pas conspiré pour lui ? Il sera prouvé simplement que Didier a conspiré pour un autre, n'importe, on aura fait du scandale et la calomnie restera.

Avant d'assigner à l'insurrection de Grenoble son véritable caractère, il s'agit d'examiner si les autorités qui avaient laissé la conspiration s'organiser sous leurs yeux, sans rien faire pour en prévenir l'explosion, avaient bien calculé toutes les chances d'un pareil événement.

L'inspection de Pontcharra pouvait fournir de 300 à 350 douaniers, parfaitement armés, habillés et équipés, et suffisamment pourvus de munitions. Ces hommes, qui venaient de faire avec quelque gloire les campagnes de 1814 et de 1815, exercés, aguerris, dévoués à leurs chefs, et de plus, exaspérés par nos revers et par les vexations des troupes étrangères, étaient disséminés dans les vallées d'Allevart, du Gressivaudan, et de Loysans, où tout était prêt pour

l'insurrection ; ils pouvaient, en opérant leur mouvement de concentration sur Eybens, entraîner en masse les populations dont ils avaient les sympathies politiques ; et on conçoit qu'un rassemblement considérable, ayant un pareil noyau, ne pouvait pas éprouver une résistance sérieuse de la part des légions, qui comptaient à peine quelques centaines d'hommes, dont le dévouement, dans celle de l'Isère surtout, n'était pas bien affermi ; or, que serait-il arrivé dans l'hypothèse, où suffisamment édifiés sur les ressources et sur la maturité du complot, sur la valeur et sur l'influence des chefs appelés à diriger l'insurrection ; sur la moralité et sur la sincérité de M. J*** j'eusse accepté ses propositions et entraîné les douaniers au nom de M. Adine, dont ils étaient habitués à me regarder comme *l'alter ego* ? Grenoble dont l'esprit nous était favorable et où nous avions de nombreuses intelligences, eût tombé infailliblement en notre pouvoir ; mais tout n'était pas fini là.

Didier a bien dit qu'une fois entré à Grenoble il se serait rendu maître de Lyon en trente-six heures ; mais si ce n'est pas là une des mille illusions qui l'ont aveuglé dans sa folle entreprise, pourquoi ne s'est-il pas assuré personnellement du seul concours qui pouvait la faire réussir ? Pourquoi, au lieu de s'adresser à l'officier supérieur des douanes par l'entremise d'un simple capitaine, ne s'est-il pas abouché directement avec lui ? était-ce que, ne pouvant entraîner M. Adine qu'au nom de Napoléon, il avait craint soit de dévoiler à cet inspecteur le but réel de l'insurrection, s'il en avait un autre que le rétablissement de l'empire, soit de prendre un engagement direct avec lui ? On ne peut pas le supposer.

Maître de Grenoble, Didier aurait eu sur les bras les piémontais de Chambéry ; la garde royale et les Suisses qui, depuis la conspiration du 21 janvier, étaient venus renforcer la garnison de Lyon ; les populations exaltées de la Provence, et les régiments autrichiens qui occupaient les départements du midi. La prise de Grenoble n'eût donc été, par l'épouvantable conflit qu'elle aurait amené, qu'un malheur de plus à déplorer, et si les douaniers n'ont pas prêté leur concours à l'insurrection, si leur contenance et leurs dispositions ont préservé de tout désordre les vallées d'Allevard et du Gressivaudan, si personne dans ses vallées n'a été compromis, inquiété, poursuivi, ne doit-on pas bénir l'heureuse inspiration qui m'a ouvert à temps les yeux sur la folie du complot et sur les véritables intérêts du pays.

Il s'agit de déterminer maintenant le but réel de l'insurrection, et il faut d'abord pour cela discuter hardiment les rapports de police sur lesquels on s'est appuyé pour attribuer cette tentative au comité de l'indépendance nationale et au parti d'Orléans, voici ces rapports :

» Didier, à la chute de Napoléon, s'était rapproché de Foucher, chef alors des Orléanistes. Foucher qui voulait donner la couronne au duc d'Orléans, chargea Didier d'aller en traiter avec les alliés à Vienne, avant l'entrée en campagne ; mais une barrière infranchissable retint le messager en deçà des frontières de la France, qu'il ne put passer.

» On sait avec quelle rapidité le malheureux Napoléon alla du golfe Juan à Waterloo, et de là à Rochefort. La promptitude de sa chute déjoua toute combinaison. Foucher pris au dépourvu, n'eut que le temps de se tourner vers Louis XVIII, aussi parla-t-il comme un dévoué serviteur du roi lorsque Didier vint prendre ses ordres.

— » Dieu s'en mêle, dit le Jacobin émérite, pourquoi lutter plus longtemps, nul de nous n'a le bras assez fort pour retarder d'un instant le rétablissement de l'ancienne dynastie, pour moi je me rallie sincèrement. Je suis cette fois bien décidé.

» Didier, surpris de ce changement de scène, ne répondit pas, et Foucher poursuivit quoiqu'en ayant l'air de rire :

— » Or, ça, mon cher, prenez-y garde, ne m'obligez pas de tirer sur mes vieux amis, ne complottez pas, tenez-vous tranquille, je vous ferai donner quelque fiche de consolation· D'ailleurs nous n'avons pas les destinées entre les mains, et si de même qu'aujourd'hui le ciel se déclare pour l'un ; si, plus tard il s'éclaircissait pour l'autre, eh ! bien nous verrions, dans tous les cas attendez mes avis.

» Didier se témoigna vaincu par cette logique, et laissa Foucher persuadé de sa docilité à toute épreuve, cependant il courut chez M. V**** à qui il conta ce qui venait de se passer.

— » Ah ! le vieux renard, s'écria le lourd personnage, il nous...... plante là, eh ! bien, tâchons de nous passer de lui.

— » Didier à cette époque proposa au comité Orléaniste, composé de D***, de V***, de L***, de O***, de L**, de R***, de G***, un plan qui devait nécessairement enfanter une nouvelle révolution ; il s'agissait de prêter la main aux imprudences des royalistes, et d'allarmer les acquéreurs de biens nationaux, puis de soulever les restes de l'armée au nom de Napoléon. Comme il était sérieusement impossible que celui-ci reparût, on parviendrait facilement à déterminer les officiers compromis dans cette tentative, et sans espoir de grâce à se tourner vers S. A. S. le duc d'Orléans. Les républicains ne pouvant reconstituer leur forme chérie de gouvernement, on consentirait à reconnaître l'autorité du fils d'un des leurs et les propriétaires des domaines de l'église, des biens d'émigrés, de condamnés ne seraient pas les derniers à se tourner vers un prince qui leur offrirait une garantie positive.

Tout ce plan plus détaillé et que je donne en extrait, *d'après l'original que je tiens entre mes mains*, obtint l'assentiment des chefs. Dans ces entrefaites le cabinet de Londres s'apercevant que le roi de France penchait vers une alliance plus intime avec la Russie, imagina encore une fois de troubler la paix dont nous commencions à jouir. Un agent mystérieux vint à Paris, et insinua que la Grande-Bretagne ne s'opposait pas à un changement dans l'ordre de succession au trône, que l'Angleterre combattrait sans doute une restauration Bonapartiste ; mais n'interviendrait pas si la maison d'Orléans remplaçait celle des Bourbons.

» Cette ouverture dont on a profité 15 ans plus tard, et dont la sincérité a reçu des événements une éclatante manifestation, donna du courage aux Orléanistes. Il fut décidé que l'on tenterait un coup de main ; mais pour l'entreprendre il fallait, dès le début, occuper une ville importante, une place de guerre dont la conservation fût un gage de sûreté.

» Dans cette occurrence Paul Didier se mit en avant ; et ayant reçu les lettres-patentes de sa nomination à la charge de chancelier du royaume, dans le cas où la tentative réussirait un diplôme de duc et pair héréditaire, une concession de 200,000 fr. de rentes en biens fonds, de 200 autres mille francs de rentes 5 0/0 avec promesse d'un traitement de 200,000 fr., et enfin le grand cordon de la légion d'honneur, partit, muni d'une très-forte somme en or et en billets de banque pour aller préparer les voies.

» Il fallait par un coup de main hardi s'emparer de Grenoble, dominer l'esprit des soldats, entraîner les populations, et pour cela, feindre un second débarquement de Bonaparte serait cette fois supposé à Brest. Le Dauphiné soulevé, on marcherait rapidement sur Lyon, et là, dans cette seconde ville du royaume on convoquerait les états généraux ; ceux-ci, créeraient un gouvernement provisoire composé du général Gérard, du duc de Choiseuil, du duc d'Otrante, de Dupont de l'Eure, et de Didier, on continuerait la guerre si la révolution n'était pas spontanée ; et après la première bataille gagnée, le duc d'Orléans serait déclaré lieutenant général du royaume, et le marquis de la Fayette, commandant général des gardes nationales.

» Les fonds étaient faits en partie pour payer les premiers frais, c'étaient les banquiers A***, D*** et L*** qui les fourniraient sur des mandats signés Didier et d'O*** ; chaque lieutenant général en activité qui passerait au parti recevrait une dotation de 30,000 livres de rentes, le titre de duc, le grand cordon de la légion d'honneur. On assurerait un majorat de 12,000 livres de rentes et la plaque de grand officier à tout maréchal de camp dont la défection serait utile. Le titre de comte, 12,000 fr. de pension et la croix de commandeur seraient acquis à tout colonel qui passerait au nouveau gouvernement, en entraînant son régiment. Des récompenses inférieures seraient réservées aux moindres grades; enfin cette révolution tramée par des hommes d'affaires, qui connaissaient la valeur de l'or, devait coûter des sommes énormes à la France...»

Tout cela ressemble assez à une conversation saisie par la police au trou d'une serrure: invraisemblance, contradictions, absurdité tout s'y trouve confondu, tout a été démenti par Didier.

Didier, que républicains et légitimistes nous présentent aujourd'hui: ceux-ci comme un martyr de la liberté; ceux-là comme le pivot d'une usurpation orléaniste; Didier l'ennemi acharné des sans-culottes, n'aurait été que le confident du sans-culotte Foucher? que le familier de ce mouchard de haut étage qui, tout couvert encore du sang des victimes de la terreur, a trahi deux fois sa patrie et son souverain! patriote, il aurait compté sur l'appui de l'Angleterre, alors que son parti reprochait outrageusement aux vieux Bourbons d'être rentrés en France avec l'appui des armées étrangères et par la grâce du prince régent d'Angleterre! comptant sur l'appui de l'Angleterre il aurait protesté avec énergie dans ses proclamations contre l'influence de notre vieille ennemie, contre la tutelle exercée par Wellington sur Louis XVIII qu'il comparait à Charles VI! il aurait dit devant la cour prévôtale — *je voulais chasser les Anglais!!* agissant dans l'intérêt du duc d'Orléans qui avait, dit-on, les sympathies de l'Angleterre, il aurait conspiré ouvertement au nom de Napoléon II et pour une restauration Bonapartiste dont l'Angleterre ne voulait pas! mais tout ce que le machiavelisme le plus subtil peut imaginer de plus perfide, de plus infame, ne serait rien en comparaison de la perfidie et de l'infamie de cet homme qui aurait ainsi trompé tout le monde, et cependant la famille de Didier n'a pas poursuivi M. Peuchet; elle a pensé sans doute, comme tout le monde le pensera, que dans tout cela le ridicule le disputait tellement à l'absurde, que de semblables suppositions n'étaient pas dignes d'une réfutation sérieuse. Didier s'est trompé, mais il n'a trompé personne; il a conspiré pour Napoléon II et il n'a' pas dit autre chose avant le mouvement du 4 mai 1816 à ceux qu'il voulait entraîner et après son arrestation à ses juges. Il ne pouvait pas dire autre chose en présence de l'affirmation si positive des témoins qui ont unanimement déclaré que le seul nom qui eût été invoqué était celui de Napoléon II.

Dès la première restauration, quand le nom du duc d'Orléans eut de nouveau retenti en France, où on avait en quelque sorte oublié les Bourbons, il a été aussitôt entouré d'un prestige qu'aucune intrigue, aucune conspiration, aucun parti n'auraient pu lui donner et qu'il ne devait qu'à sa position. Fils du prince *Égalité*, général de la république à un âge où l'on commence à peine à être simple soldat, il n'avait quitté le sol français avec Dumouriez qu'à la dernière extrémité, et lorsque, pour prix de ses victoires, la terreur ne voyant en lui qu'un Bourbon, proscrivait sa tête et lui préparait un échafaud; séparé de la branche aînée par un abyme il n'avait pas, comme elle, cherché à soulever contre son ingrate patrie les vengeances des puissances étrangères; il n'avait pas subi l'humiliation de leurs aumônes; il n'avait pas pris les armes contre son pays. Menacé à la fois par l'absolutisme monarchique, comme par l'absolutisme révolutionnaire, obligé de se cacher sous un nom obscur, on l'avait vu tour à tour, humble professeur au collège de Rhena, ne devant qu'à son éducation philosophique et libérale et à ses connaissances variées, ses moyens d'existence et ceux de sa sœur; voyageur intrépide et protecteur de ses jeunes frères, allant étudier en Amérique et dans le nord de l'Europe, les mœurs, les institutions et les intérêts des peuples divers, il n'avait consenti enfin à se réfugier à la cour de Sicile que sur les pressantes instances du roi de Naples, son parent, qui voulait le réconcilier avec Louis XVIII, et tout cela pouvait bien, aux yeux des hommes éclairés de toutes les opinions, faire regarder le duc d'Orléans comme le symbole d'une transaction entre les partis, auquel il offrait, d'égales garanties; mais tout entouré qu'il fût d'une auréole de popularité, il n'avait rien de ce qui peut fonder un parti et passionner les masses.

Au retour de Napoléon, le duc d'Orléans se montra fidèle au malheur et à ses serments; il accompagna d'abord le comte d'Artois à Lyon, où il put se convaincre que l'impopularité de la branche aînée dont il n'avait cependant pas approuvé les fautes, avait réjailli sur lui; peu de temps après il émigra; il n'alla pas toutefois, comme ses parents, se placer sous la protection des bataillons ennemis; après avoir dit à la terre de France, un adieu plein de larmes, après avoir envié au maréchal duc de Trévise le bonheur de pouvoir défendre la patrie, d'où son nom de Bourbon l'exilait, il alla se retirer, loin du fracas des armes, en Angleterre, où il attendit les événements.

Quand son nom fut prononcé à la chambre des représentants pendant les cent jours, comme celui de l'homme le plus digne d'occuper le trône de France; quand l'empereur Alexandre, au congrès de Vienne, le proposa aux puissances, qui ne voulaient plus de la branche aînée, qui leur avait causé trop d'embarras, que répondit-il aux émissaires qui cherchaient à le gagner, à Alexandre lui-même qui le pressait d'accepter la couronne? « Si j'ai quitté la France avec les Bourbons, c'est par convenance de famille et non par attachement pour leur système ; aujourd'hui je dois suivre leur destinée, et je ne pourrais monter sur le trône que si j'y étais appelé, en cas de vacance, par la volonté de la nation.

M. de Talleyrand qui plus tard appela de ses vœux et de ses efforts le changement de dynastie, plaidait alors la cause de la légitimité, et l'emporta en disant que la substitution de la branche cadette à l'aînée, menacerait les maisons royales, qui toutes avaient leurs prétendants collatéraux.

A la seconde restauration, le duc d'Orléans, avant de retourner en France, laissa écouler le flot des armées étrangères, qui étaient venues réinstaller la légitimité ; rentré seul avec sa famille, il protesta, avec une égale loyauté, avec une égale énergie à la chambre des pairs contre les idées des mécontents qui voulaient se servir de son nom comme d'un drapeau contre les sanglantes réactions des royalistes exaltés, d'autant plus âpres à la vengeance, que la victoire leur avait moins coûté ; il préféra s'exiler volontairement en Angleterre, plutôt que de devenir un sujet de troubles ou de méfiances, et ne consentit à quitter ce douloureux exil que quand les fureurs de la réaction furent appaisées, et voilà cependant le prince qu'on accuse d'avoir choisi Didier pour champion !

De ce que la révolution de 1830 a appelé la famille d'Orléans sur le trône, bien des personnes en ont conclu que cette révolution avait été faite pour elle et par elle ; les légitimistes, surtout, jaloux de pallier les fautes de la branche aînée, ont aussitôt cherché, à l'aide d'insidieux rapprochements, à montrer le prince, ou son parti, poursuivant, dès les premières années de la restauration, le changement de dynastie, dont les fautes de Charles X ont rendu plus tard la réalisation inévitable, et il s'est trouvé, pour accréditer ces impostures, tout ce que le monde politique renfermait de gobe mouches, toujours prêts à assigner aux événements les plus naturels les causes les plus extraordinaires. Les républicains eux-mêmes, les carbonari, les conspirateurs de toutes les époques et de toutes les couleurs, les intriguants surtout.!! les uns au nom de leur programme, dont ils voulaient la réalisation, les autres au nom du rôle qu'ils prétendaient avoir joué dans la comédie de 15 ans, et dont ils demandaient le salaire, ont traité d'ingrat un gouvernement qui ne voulait pas reconnaître que son existence était leur ouvrage ; de là tant de mécontentements, conséquence malheureuse mais inévitable de toute révolution, de tout établissement d'un gouvernement nouveau.

La révolution de juillet a été le résultat en quelque sorte providentiel et inévitable des circonstances et de l'état des esprits ; et l'avènement de Louis-Philippe a été aussi imprévu qu'elle ; si des journalistes tels que MM. Thiers,

Mignet, Armand Carrel et de Remusat, poussaient de tous leurs efforts la restauration dans les voies périlleuses où elle a échoué, s'ils entrevoyaient, dans un avenir plus ou moins prochain, un nouveau 1688, leurs actes et leurs prévisions ont toujours été étrangers au prince. Voici ce que M. Thiers, qui, avant 1830, n'avait jamais vu Louis-Philippe, disait à ceux de ses amis qui approchaient ce prince.

» On fera peut-être des propositions au prince ; qu'il ne les écoute pas, qu'il n'y donne pas les mains, ce n'est pas son rôle à lui de se mettre en avant ; il ne manque pas de brouillons qui le perdraient ; qu'il nous laisse faire, et qu'il attende les événements ; c'est à nous de les préparer. »

Possesseur de la plus grande fortune territoriale du royaume, heureux de sa nombreuse et belle famille, et de l'immense et affectueuse popularité qu'il devait à ses vertus publiques et privées, Louis-Philippe n'avait pas besoin, pour se guider au milieu des écueils qui l'entouraient des conseils de l'habile journaliste ; il savait qu'il ne pouvait pas, sans compromettre une position si belle, sans déshonorer son caractère, descendre au rôle de chef de parti, n'ayant pas, comme Guillaume III, une armée pour se poser ouvertement comme compétiteur du trône, il ne voulait pas le devoir à de méprisables intrigues, il ne voulait le recevoir, comme il ne l'a reçu, que de la volonté de la nation.

Placée entre la défection des royalistes politiques et les conseils imprudents des exaltés, la restauration se trouvait en outre acculée en quelque sorte, par les tentatives de plus en plus audacieuses de la presse, à une impasse d'où elle croyait ne pouvoir sortir que par un coup d'état ; poussée par la fatalité elle se montra bientôt disposée à recourir à ce moyen extrême, grâces aux conseils imprudents de la faction qui veut aujourd'hui du scandale à tout prix ; c'est alors que M. Thiers se rendit à Rochecotte, où M. de Talleyrand, devenu suspect à la cour, s'était retiré ; là fut discutée, pour la première fois, l'éventualité prochaine d'un changement dans l'ordre de succession au trône ; là furent arrêtés les moyens d'en hâter le moment, et les mesures à prendre dans le cas où cette hypothèse viendrait à se réaliser.

Un nouveau 1688 apparaissait aux esprits clairvoyants, et nous l'avions déjà salué nous même au bruit du canon qui célébrait la conquête d'Alger, que la restauration aveuglée par sa victoire, ne voyait pas encore le cercle qui allait chaque jour se resserrant autour d'elle, et ne prenait aucune des précautions que la prudence la plus vulgaire aurait dû lui conseiller.

Muni des constructions de son habile patron, accrédité sans doute auprès du comité directeur dont celui-ci était le chef, M. Thiers revint à

Paris; les fatales ordonnances parurent, le journalisme n'y répondit d'abord que par une protestation en faveur de la légalité, par une menace de refus d'impôt ; ses presses furent fermées, de là une émeute d'ouvriers imprimeurs, le premier jour la révolution ne fut pas autre chose, et certes elle ne songeait pas alors à Louis-Philippe d'Orléans.

Le 28 juillet le retrait des ordonnances et un changement de ministère pouvaient encore tout calmer, la fatalité l'emporta et l'émeute se changea en une formidable insurrection ; elle ne devint une révolution que le troisième jour, alors les hommes les plus éminents du parti libéral se décidèrent à se mettre en avant.

Muni de la signature du général Sebastiani et d'un billet de M. Laffitte, portant ces mots :

» Je prie Monseigneur le duc d'Orléans d'écouter en toute confiance M. Thiers et ce qu'il est chargé de lui dire de ma part.................
M. Thiers se rendit à Neuilly où le prince devait se trouver avec sa famille ; il ne put voir que madame Adelaïde ; le duc d'Orléans avait dû s'éloigner, afin de se mettre à l'abri d'un coup de main, qu'on pouvait tenter de St.-Cloud ; vaincue par les vives instances du journaliste, qui lui montrait son auguste frère comme le seul capable de prévenir les dangers d'une république et de l'anarchie, l'illustre princesse promit, en son nom, qu'il n'hésiterait pas à sacrifier à l'intérêt du pays sa famille et ses biens ; et c'est, fort de cette assurance que, rentré dans les bureaux du *National*, M. Thiers rédigea, de concert avec MM. Armand Carrel, Mignet et de Remusat, la fameuse proclamation qui appelait le duc d'Orléans à la lieutenance générale du royaume ; proclamation qui, répandue avec profusion, jusques dans les coins les plus reculés de la France, a donné au mouvement une signification, un drapeau, un but, et en a fait une véritable révolution.

Malgré la proclamation, malgré l'ordonnance de Charles X qui l'avait en quelque sorte confirmée en lui conférant la lieutenance générale du royaume, malgré même la promesse faite en son nom par S. A. R. madame Adelaïde, le prince hésitait encore ; un billet que M. Oudard, secrétaire des commandements de la reine lui porta de la part de M. Dupin, acheva de le décider ; le billet ne contenait que ces mots : « *Aujourd'hui la couronne ou demain l'exil au* » *nom de la république et de l'anarchie.* » Le prince, en recevant le billet, couvrit de sa main ses yeux d'où s'échappaient de grosses larmes. « *Allez et dites que dans une heure je serai à* » *Paris.* » Telles furent les seules paroles qu'il put prononcer en congédient M. Oudard.

A cinq heures du soir le lieutenant général fesait son entrée à Paris, aux acclamations mille fois répétée d'une révolution qui, étrangère alors aux subtilités du *quoique* et du *parceque*, Bourbon, saluait en lui le sauveur de l'État.

Il n'entre pas dans mon plan de raconter la révolution de juillet ; je crois en avoir dit assez pour prouver qu'elle a été spontanée, imprévue, et que l'avènement du duc d'Orléans a été une conséquence forcée des circonstances et de sa position, et les renseignements sur lesquels je me fonde, puisés en partie dans les confidences de feu M. Gamache, qui, pendant sa vie, était chargé de transcrire les mémoires du prince, dont il était le secrétaire particulier ; en partie dans les conversations de M. Oudard, mon ancien collaborateur à l'administration des domaines de la maison d'Orléans, ont reçu des événements une sanction trop positive, pour qu'il soit permis de les révoquer en doute.

Ceux qui ont accusé le duc d'Orléans d'avoir préparé de longue main la révolution qui l'a placé sur le trône, ont dit qu'après la mort de Didier, sa famille, réduite au dernier dégré du malheur, avait reçu d'abondants secours d'une main inconnue, et ils en ont inféré que ces secours lui avaient été accordés par le prince. En admettant que cette présomption soit fondée, on ne pourrait encore rien en conclure contre le bienfaiteur. Le prince, que les dénigrements systématiques des royalistes déguisés en républicains accusent aujourd'hui d'avarice, fesait alors distribuer en bienfaits plus de la dixième partie de son revenu ; ses bienfaits, répandus avec la plus noble discrétion, allaient chercher toutes les infortunes sans distinction d'opinions politiques, et si une famille aussi honorable que celle de Didier a été comprise dans les bienfaits dispensés par le duc d'Orléans, pourra-t-on attribuer à ces bienfaits l'idée d'une pensée politique, d'un dédommagement, d'une rémunération, lorsqu'on saura qu'à la même époque *celui dont le refus de concours venait de faire échouer la conspiration de Grenoble obtenait un emploi dans l'administration des domaines de la maison d'Orléans, dont les chefs n'ignoraient cependant ni sa conduite, ni sa position.*

La maison d'Orléans, où les Athalin et les Albert se trouvaient à côté des Rohan-Chabot et des Montmorency, les abonnés et les collaborateurs de la *Quotidienne* et du *Conservateur*, à côté de ceux du *Constitutionnel* et de la *Minerve*, honorait de son hospitalité généreuse les hommes éminents de tous les partis; le prince ne se contentait pas de réhabiliter ceux que la restauration appelait les *Brigands de la Loire* ; admirateur du génie de Napoléon, enthousiaste de la gloire de l'empire, il les exaltait dans ses mémoires ; il plaçait sur son bureau l'admirable tableau où Vernet avait peint, à grands traits, l'apothéose du grand empereur et de sa grande armée, et on oserait s'étonner de la pitié qu'il aurait montrée à la famille du feu sublime, de l'héroïque mais que le même enthousiasme avait conduit à l'échafaud ! et l'on s'étonnerait de ce que la famille de Didier a joué depuis la révolution de 1830 de la légitime faveur du pouvoir ! on voudrait en conclure que cette faveur a été la récompense d'un dévouement personnel ! Un fils de Didier a été, en effet, successivement secrétaire du ministre de l'intérieur, préfet, conseiller d'état ; son gendre a été appelé aux fonctions de procureur général près la cour royale de Montpellier ; mais abstraction faite du mérite personnel, qui leur a valu ces honorables distinctions, l'intervention de Louis-Philippe a-t-elle donc été nécessaire pour les leur faire obtenir, à une époque où les anciens amis de Paul Didier étaient à la tête de l'administration et ne pouvaient pas oublier que, quelle que fût la bannière que ce chef de parti avait arborée, il avait péri victime de son dévouement *à la cause de l'indépendance nationale ?*

Un autre fils de l'illustre martyr, M. Simon Didier, invoquant le souvenir de je ne sais quel entretien que son malheureux père aurait eu avant son départ de Paris avec le duc d'Orléans, semble insinuer que son père avait agi dans l'intérêt de la famille d'Orléans qu'il accuse d'ingratitude ; mais où est la preuve de cet entretien ? et en supposant qu'il ait eu lieu, celle qu'il ait eu pour objet un complot ? Le prince accueillait tout le monde avec bonté, mais le moderne Guillaume III n'était pas homme à se livrer à la discrétion d'un conspirateur, fût-il même Didier. Didier n'a d'ailleurs conspiré qu'au nom de Napoléon II, le duc d'Orléans ne devait rien à sa famille que la sympathie qui s'attache à une grande infortune, et il n'a été à son égard ni prodigue de faveurs, comme le prétendent les légitimistes, ni ingrat comme le dit à présent M. Simon Didier.

Que la piété filiale de M. Simon Didier, que sa religion pour la mémoire d'un père exaltent la grandeur des plans de cet illustre martyr ; qu'elle proclame ses vertus et son admirable dévouement, il n'est personne qui n'applaudisse à de si nobles sentiments, mais n'est-ce pas fausser l'histoire que de prétendre que c'est à une suite de complots semblables à celui de Didier que l'élu de la nation doit le titre de Roi des Français, que de vouloir établir entre l'élan sublime et spontané de Juillet 1830, et les complots plus ou moins sérieux qui l'ont précédé, la moindre solidarité ? Ne sait-on pas que tout complot qui échoue profite à celui contre qui il est dirigé ? Et n'est-ce pas abuser de la haine ou de la crédulité des partis, toujours prêts à accueillir les calomnies qui tendent à affaiblir le pouvoir, que de dire qu'un complot ourdi contre les Bourbons au nom de Napoléon II, ait contribué en rien à l'élévation de Louis-Philippe d'Orléans ? La révolution de juillet, faite au nom de la Charte, contre une famille qui l'avait violée, a été pure de tout antécédent, elle n'a aucun héritage à revendiquer que celui de la glorieuse révolution de 1789 qu'elle a terminée ; et il n'appartient à personne de lui en imposer d'autre que celui de la liberté et de la légalité au nom desquelles elle a été faite.

Revenons à la conspiration de Grenoble et mettons des réalités à la place des suppositions que nous venons de refuter.

Tour à tour patriote de 1789, Girondin, émigré de 1793, persécuteur des sans-culottes, bonapartiste après le 18 brumaire, philadelphe sous l'empire, royaliste constitutionnel, maître des requêtes au conseil d'état, et décoré de la légion d'honneur au début de la restauration, libéral à sa chute, napoléoniste pendant les cent jours, Didier qu'on nous représente comme un de ces hommes taillés sur un patron antique et dont le corps de fer renfermait une âme de feu, n'était pas homme à se préoccuper en matière de gouvernement, d'une forme ou d'un nom propre ; véritable Talleyrand révolutionnaire, il ne voyait que la gloire et l'indépendance de la patrie ; il ne voyait que les libertés publiques et le progrès humain, et il ne faut pas s'étonner après cela, si le complot qu'il a dirigé s'est ressenti de son caractère, et a pu, aux yeux de ceux qui ont ignoré sa vie, offrir quelque mystère, et accréditer en quelque sorte les suppositions des légitimistes ; mais si à l'époque où les événements de Grenoble ont eu lieu, la portion éclairée de la nation, également dégoûtée des essais de république par la terreur ; de l'empire, par la perte de nos libertés ; de la restauration, par les excès des ultra-royalistes, autant que par l'humiliation de la conquête et de l'occupation étrangère, pouvait rêver un changement de dynastie, et regarder le duc d'Orléans comme l'arche d'alliance destinée à rallier tous les partis ; ces idées n'étaient encore que de vagues théories ; elles n'avaient pas encore pénétré au sein des masses, et Didier le savait, ou s'il l'eût ignoré, la réponse que lui fit Dussert un des conjurés, à qui il avait parlé vaguement des talents et du noble caractère du duc d'Orléans, aurait suffi pour le détromper : « Ne » me vantez pas cet homme, lui disait Dussert, » Bourbon pour Bourbon autant vaut conserver » celui qui règne ; s'il s'agissait de la famille d'É- » galité, je me retirerais, je ne veux pas d'un » ci-devant. »

A Lyon, Didier avait conspiré au nom de Napoléon II ; en Dauphiné, où le souvenir récent du retour miraculeux de l'empereur était encore vivace dans tous les esprits, le prestige attaché au nom de Napoléon, avait seul la puissance d'émouvoir la fibre populaire, Didier ne l'ignorait pas, aussi n'a-t-il pas invoqué d'autre nom.

Il faut reléguer au rang des fables, ces lettres-patentes de chancelier, ces sommes énormes promises ou données à Didier, ces primes offertes à la défection des généraux ; ces bruits de débarquement de l'empereur à Brest, tout cela comme les enrôlements dans les montagnes du Vivarais, comme les achats de bateaux, comme l'or distribué à pleines mains par Didier n'a existé que dans les rapports de police ; Didier n'a pas donné que je sache un sou à qui que ce soit, et il n'avait, lorsqu'il a été arrêté, qu'un habit rapé et 68 francs dans sa poche ; il n'est pas même bien certain que Didier soit, comme l'ont dit ces mêmes rapports, allé en Italie mandier les secours de la famille Bonaparte ; il est bien moins encore qu'il ait vu le comte d'Erlon, et que celui-ci lui ait promis d'arriver au premier signal, car le comte d'Erlon qui même au péril de sa tête, n'était pas homme à manquer à sa promesse, n'a pas paru au jour de l'insurrection. Il n'y a de positif que les démarches faites auprès des libéraux mécontents par Didier ; que ses proclamations, ses aveux ; or jamais les agents qui se sont présentés au nom du chef du complot n'ont prononcé un autre nom que celui de Napoléon. On a vu ses déclarations devant la cour prévôtale, et voici sa proclamation quelque peu emphatique qu'il avait ajoutée à celle du comité directeur.

» *Peuple Français !*

» N'es-tu donc plus le peuple des braves, dont les exploits ont étonné l'univers ? Courbé sous le sceptre de plomb d'un prince ramené deux fois par les bayonnettes étrangères, ne vois-tu pas un Anglais Wellington s'ériger en tuteur du nouveau Charles VI, de celui qui se dit ton maître, et présider aux destinées de la France, dont il est en réalité l'unique souverain ? Ne vois-tu pas la patrie éplorée te montrant ses frontières amoindries par la rapacité de ces prétendus alliés, son sol ignominieusement foulé par le Cosaque, l'Anglais, et le Prussien, et partout les pas de ces hordes barbares marqués par la dévastation, la misère et la faim ? Et tu pourrais sans frémir d'indignation subir plus long-temps le joug humiliant de leurs fourches caudines !.. Aux armes ! que ton reveil soit celui du lion. Marie-Louise nous ramène son fils que tu as naguère élevé sur le pavois, Napoléon II te rapporte l'oriflamme impériale et les aigles immortelles du grand homme qui lui a donné le jour. Partout les vieux débris de notre glorieuse armée, les patriotes, les acquéreurs de biens nationaux, en butte aux menaces, aux avanies, aux persécutions d'une minorité factieuse qui domine le pouvoir, s'apprêtent à venger leur injure. Aux armes donc ! replacé sur le trône par ton bras puissant, le fils du héros fera bientôt briller d'un nouvel éclat la gloire et l'honneur inséparables du nom Français ; il te rendra les libertés si chèrement achetées qu'on ta ravies..... Aux armes ! L'honneur, la patrie, la liberté implorent ton bras vengeur, plus généreux que tes ennemis, tu prendras pour devise : *pas de jacquerie, pas de réaction, vive Napoléon II.*»

Cette proclamation était, ainsi que nous l'avons déjà dit, accompagnée d'un journal allemand contenant un manifeste supposé de l'empereur d'Autriche, au nom de Napoléon II son petit-fils, et d'une autre proclamation du comité de l'indépendance nationale qui, en appelant le peuple aux armes, lui donnait aussi ces mots de ralliement que la révolution de juillet a si bien observés : *pas de jacquerie ! pas de réaction.* Parmi les papiers saisis sur Didier, on a encore trouvé une lettre destinée à l'évêque de Grenoble, et où le chef de l'insurrection demandait au prélat un *Te Deum* en l'honneur de sa victoire, et les prières de l'église en faveur de l'empereur Napoléon II, et nous ne pensons pas qu'on puisse, en présence de pareilles preuves, élever le moindre doute sur le but ostensible, avoué, sinon réel, de l'insurrection.

N'ayant pas sous les yeux toutes les pièces du procès, il ne m'est pas aussi facile de déterminer positivement la part que les ultra-royalistes ont prise au complot qui a amené le mouvement insurrectionnel du 4 mai ; cette part, à mes yeux, est cependant immense ; ce sont les odieuses persécutions dirigées par une minorité turbulente, exaltée contre les hommes les plus honorables, contre les personnes les plus inoffensives; ce sont les récriminations factieuses de cette minorité contre l'auteur de la charte et contre le ministre Decazes ; ce sont les menaces proférées contre tout ce qui, de près ou de loin, avait pris part à notre grande révolution, contre les acquéreurs de biens nationaux, contre nos institutions, qui ont produit l'exaspération, qui a rendu l'insurrection possible, et quand on rapproche ces circonstances des menées ténébreuses du comité des francs régénérés, des rapports de Didier avec ce comité, des informations précises que la faction possédait sur l'existence du complot, on ne peut pas s'empêcher de reconnaître que cette faction voulait une insurrection pour la réprimer, et une répression sanglante pour mettre de côté, d'un seul coup, à l'aide de la chambre introuvable, Louis XVIII, la charte, le favori, et mettre à leur place le comte d'Artois et la monarchie absolue. Là se trouve le secret de la dépêche impitoyable ; là se trouve surtout celui de l'ordonnance du 5 septembre, qui mit heureusement un terme aux aveugles fureurs de la réaction. L'arrêt télégraphique qui avait envoyé les insurgés à la mort et l'ordonnance de dissolution de la chambre introuvable sont partis en effet de la même main et de la même pensée ; Louis XVIII, en les signant, croyait frapper les partisans factieux de son bien-aimé frère, le comte d'Artois, qu'il croyait pressé de saisir la couronne.

L'accusation portée par le parti légitimiste contre le ministre Decazes, est le dernier point que nous ayons à examiner ; elle est formulée en ces termes dans l'écrit de M. Peuchet.

» Dès la fin de 1815, et aussitôt que M· De-
» cazes eut été appelé au ministère de la police,
» il commença d'exercer sur Louis XVIII son
» système de fascination. Ce fut par la peur
» qu'il s'empara de la confiance de son maître et
» dompta, en quelque sorte, l'esprit du roi ;
» cet empire absolu du favori s'écroula, comme
» on l'a vu, sous la réprobation universelle. Le
» sang de Monseigneur le duc de Berry força
» M. Decazes à changer de manteau. Le plan du
» nouveau ministre fut simple. Rendre odieux
» *Monsieur* (le comte d'Artois, depuis Charles
» X) ; représenter d'une part les vrais royalistes
» comme des conspirateurs tendant à provoquer
» l'abdication du roi au profit de son auguste
» frère ; et de l'autre, ériger les républicains et
» les orléanistes, cachés sous le nom de consti-
» tutionels, en seuls et vrais amis de Louis XVIII
» et de la charte. Cette trame coupable a tout
» compromis, a tout perdu. M. Decazes n'a
» jamais éclairé S. M. sur les doubles menées
» des jacobins et des orléanistes ; jamais il n'a
» voulu attirer l'attention du roi sur le foyer
» d'intrigues qui s'allumait au Palais Royal ; non,
» que j'entende que S. A. R. Monseigneur le
» duc d'Orléans, Roi des Français, se soit au-
» cunément mêlé à ce tripotage ; mais parce que
» je sais que son nom et sa maison servaient de
» signe de ralliement et de rendez-vous aux cou-
» pables. Je suis assuré, et il m'est prouvé, que
» ses fidèles se cachaient de lui. »

Ces accusations ne sont que l'écho de celles qui ont été cent fois portées à la tribune contre M. Decazes, et auxquelles il a toujours répondu victorieusement ; le seul moyen de fascination que M. Decazes ait exercé sur Louis XVIII a été l'admirable talent avec lequel il savait faire valoir les prétentions littéraires et scientifiques du spirituel monarque ; le charme inexprimable avec lequel il savait lui conter les anecdotes piquantes, les petites médisances, et même les mordantes épigrammes que l'auguste personnage aimait tant ; comme homme politique, il avait à sauver les royalistes de leurs propres excès, il avait à opérer la fusion des partis, à rallier les esprits éclairés au système anglais de la pondé-ration des pouvoirs, aux garanties et aux liber-tés consacrées par la charte, et cette tâche était grande, elle était noble, mais elle présentait d'immenses difficultés, qu'on ne peut sainement appécier qu'en se reportant à l'époque où elle a été tentée.

A l'avènement de M. Decazes au ministère, le jeu de nos institutions constitutionnelles, encore si peu compris même aujourd'hui, était com-plétement inconnu. Le gouvernement était me-nacé de toutes parts : ici par l'anarchie que nos commotions politiques avait jetée dans les prin-cipes et dans les idées ; là, par les ambitions désordonnées à qui les conquêtes de l'empire ne montraient naguères de bornes que l'infini, et qui se trouvant de nouveau parquées dans notre France amoindrie, s'y trouvaient trop à l'étroit ; ailleurs, par les insatiables exigences d'une foule d'intrigants qui se disaient les seuls restaura-teurs de la royauté, et si dans une position si difficile le ministre fidèle à la maxime des gou-vernements nouvellement installés : *Mieux vaut un sage ennemi qu'un imprudent ami*, maxime qui a servi de prétexte ou d'excuse à tant d'il-lustres ingrats, a eu recours au système de bascule, que l'habile Guillaume III avait mis en usage avant lui ; si l'application de ce sys-tème a pu accréditer contre lui l'accusation de connivence contre les ennemis de son roi, l'histoire impartiale, tout en constatant que le succès n'a pas entièrement répondu à son atten-te, reconnaîtra cependant qu'on ne peut en accuser ni son habileté, ni ses intentions.

M. Decazes a été un roué politique, qui le conteste ? Tout homme habile, placé au timon des affaires dans des temps difficiles, l'a été, l'est, ou le sera comme lui, sous peine de voir sombrer entre ses mains le pouvoir qui lui est confié. Il faut bien, hélas ! dût notre prude-rie s'en effaroucher, reconnaître avec Ma-chiavel *chè gli stati non se tencvano con pa-ter nostri*, qu'on ne gouverne pas les états avec des patenôtres ; libre de choisir un gouver-nement, l'ancien secrétaire de l'impératrice n'aurait pas choisi peut-être Louis XVIII et une monarchie restaurée par les armées étrangères ; mais appelé par la confiance de Louis XVIII au poste éminent qu'il a si longtemps occupé, il avait trop d'esprit pour vouloir se déshonorer par une trahison.

Le ministre de la police n'a ignoré ni le dé-part de Didier, ni ses projets ; sa sagacité a de suite mesuré la portée de l'homme, son influ-ence, l'étendue de ses ressources ; il a compris qu'il avait dans ce chef de complot un admirable *appeau* auquel devaient se laisser prendre les mécontents de tous les partis ; qu'il s'agissait d'effrayer par un exemple, qui servirait à justi-fier ensuite aux yeux de Louis XVIII, effrayé des tendances de la chambre introuvable, le coup de bascule qu'il réservait à celle-ci et que l'ordonnance du 5 septembre 1816 est venue bientôt réaliser ; c'était là sans doute, envisagé sous le point de vue de la morale et de la probité ordinaires, un abominable calcul ; mais on ne le sait que trop ! la politique et surtout la po-lice se croient obligées d'avoir du *quod licitum*, du *quod nefas*, des notions du juste et de l'injuste, d'autres idées que le vulgaire, et elles ne reculent devant aucun moyen quand il s'agit d'arriver au but qu'elles se proposent.

Ce que le ministre a fait à l'égard de Didier, le le général Donnadieu, le préfet de Montlivault, qui cependant n'agissaient pas entièrement d'après ses inspirations; la mauvaise queue des ultra-royalistes qui, elle aussi avait ses vues l'ont fait également. S'ils n'ont pas excité, s'ils n'ont pas aidé les conspirateurs, ils les ont laissé faire, ils ont attendu que la poire fût mûre avant de la cueillir, et cependant ils n'ont pas plus été les complices de Didier, que Didier n'a été le leur. Didier n'a été l'instrument de personne.

Familier avec les auteurs de l'antiquité et avec les leçons de l'histoire, Didier ne pouvait pas ignorer, qu'habiles à profiter des insurrections populaires, les partis le sont moins à les préparer, et que les conspirateurs *à priori* ne réussissent que bien rarement pour ne pas dire jamais; pourquoi donc, lui, étranger à tout fanatisme politique, s'est-il lancé à corps perdu dans une entreprise téméraire, que tout autre que lui aurait regardé comme désespérée? Pourquoi? il vous l'a dit lui-même, et il faut le croire, c'est l'amour de la gloire qui a guidé ses pas et qui l'a perdu; il avait conçu des plans admirables, et quel chef de complot n'en a pas eu d'aussi habiles que les siens? Mais il avait trop compté sur la puissance de son esprit, il n'avait pas assez tenu compte des obstacles et surtout de la présence des armées étrangères, et en dernière analyse, comme la plupart des chefs de complot qui l'avaient précédé, il s'est montré impuissant à opérer sa synthèse révolutionnaire.

Que Didier, en homme supérieur aux étroits préjugés des partis, ait été disposé en matière de gouvernement, à faire bon marché d'une forme ou d'un nom, et ne se soit préoccupé que de l'indépendance de la patrie et du progrès humanitaire, toujours est-il vrai de dire que, comme chef de complot, il a dû arborer un drapeau, et qu'il a agi ouvertement, exclusivement et en quelque sorte officiellement pour et au nom de Napoléon II, le seul capable d'ailleurs d'émouvoir les sympathies des vieux soldats, et celles des populations du Dauphiné; et si l'on a cru que ce n'était pas là son dernier mot, si on lui a attribué une arrière pensée, il ne faut voir dans les suppositions plus ou moins absurdes auxquelles sa tentative a donné lieu, qu'une suite naturelle de notre amour pour le merveilleux, qui voit partout du mystère et une récrimination malveillante de l'esprit de parti qui a su habilement exploiter en la rattachant à un événement récent la fantasmagorie des rapports de police, et les phases variées de la vie politique du chef de la conspiration.

Didier, malgré les obstacles sans nombre que présentent toujours de semblables entreprises,

est parvenu à opérer un mouvement, auquel la grandeur de ses plans, et un désir atroce de vengeance de la part des dépositaires du pouvoir, ont donné plus d'importance qu'il n'en avait réellement : et on en a conclu qu'il ne pouvait pas être seul, et qu'il y avait derrière ou au-dessus de lui de plus grands meneurs; et cependant quand on se reporte au sans gêne de ses allures, aux indiscrétions de ses émissaires, à la légéreté de ses négociations avec les douaniers, qui seuls pouvaient donner quelque consistance à son entreprise, on est forcé de reconnaître que le complot a été trop mal dirigé, trop mal conduit, pour qu'on puisse supposer l'intervention d'une influence plus élevée, d'une coopération plus éminente, dont il n'existe d'ailleurs de traces nulle part.

On a reproché à Didier d'avoir voulu organiser une *jacquerie*, ou, en d'autres termes, le brigandage; le reproche est cruel, il n'est pas mérité; à quoi bon si Didier voulait une *jacquerie*, ces mots *pas de jacquerie! pas de réaction!* à quoi bon ses recommandations mille fois répétées, à sa troupe, de ne pas souiller une cause sainte par des excès! à quoi bon les précautions si minutieuses et si sages qu'il avait prises pour prévenir toute vengeance, tout désordre? Religieux, monarchique, organisateur, Didier, dans la prévision du succès, avait parfaitement organisé l'avenir, et il en avait la capacité; mais, en esprit peu pratiqué il avait oublié l'essentiel : l'organisation du succès.

Ministre, général, préfet, royalistes exaltés, tout le monde, y compris même le chef de la conspiration, a en quelque sorte joué au complot; tout le monde, dans cette partie terrible, a laissé quelque chose : qui sa réputation d'habileté, qui son honneur, qui sa vie; et on a osé se plaindre de ce qu'un jeune homme obscur, un officier subalterne des douanes, assez clairvoyant pour deviner dans quel infame tripot on voulait l'entraîner, ait préféré au rôle plus dramatique d'aventureux partisan d'un complot irréfléchi, le salut de son chef, celui de ses amis, celui du pays; et on a osé se plaindre de ce qu'il n'avait voulu être ni victime, ni bourreau! et on l'a poursuivi des plus odieuses calomnies! Mais malgré le masque trompeur dont les auteurs de cette coupable intrigue ont su se couvrir, on reconnaîtra aisément, sans que nous ayons besoin de les nommer, les transfuges, les faux royalistes, les faux libéraux, les hommes sans convictions et sans conscience qui, sous tous les régimes que nous venons de traverser, ont su nous exploiter pour arriver au pouvoir qu'ils exploitent aujourd'hui et qu'ils trahiront demain pour peu qu'ils y trouvent profit.

En refusant de m'associer à une conspiration où le doigt de la police se montrait trop à découvert, en la privant du concours d'un corps armé dont la valeur éprouvée dans de récents combats pouvait au moins momentanément faire pencher la balance en faveur de l'insurrection, j'ai plus fait pour préserver Grenoble et la belle vallée du Gressivaudan d'un épouvantable conflit, que ceux qui, dans une collision honteuse, qu'il était facile d'éviter, ont inutilement versé le sang de tant de malheureux, plutôt égarés que coupables, et cependant je n'ai jamais sollicité ni louanges ni récompenses; à qui me serais-je adressé d'ailleurs pour les obtenir, à la restauration? Elle ne me devait rien, car je n'avais pas l'intention de la servir, et elle l'a bien prouvé en me privant de mon emploi. Au gouvernement de juillet? Hélas! un gouvernement nouveau a tant à faire pour appaiser ses ennemis, qu'il n'a pas le temps de songer à ceux de ses amis dont il n'a plus de service à attendre. Aux partis? Ils ne jugent pas, ils condamnent tout ce qui ne flatte pas, tout ce qui ne sert pas leurs aveugles passions; mais mon chef, mes camarades et quelques hommes honorables qui s'étaient imprudemment compromis ont été arrachés à l'abyme qui allait les engloutir; la frontière Dauphinoise et le fort Barreaux ont été préservés de la souillure d'une nouvelle invasion piémontaise; l'ordre n'a pas été un seul instant troublé dans toute l'étendue du rayon des douanes, et ces résultats, auxquels je m'énorgueillis d'avoir contribué, sont ma plus douce récompense.

La proclamation du comité de l'indépendance nationale qui appelait le peuple aux armes, au nom de Napoléon II, et prenait pour devise *point de jacquerie, point de réaction!* Celle de Didier, sa lettre à l'évêque de Grenoble sont acquises à l'histoire; elles prouvent, comme la procédure de la cour prévôtale, comme le *Moniteur*, comme les archives de la police, comme les aveux de M. Peuchet lui-même, que la conspiration n'a eu pour but que le rétablissement de Napoléon II et de l'empire, proclamés par la chambre des Cent jours. J'ai d'ailleurs pour témoin de ce que j'avance, non-seulement les personnes citées dans le mémoire, mais la population tout entière du Dauphiné qui a dû conserver l'ineffaçable souvenir des faits que je viens de citer.

Aucunes vues personnelles ne m'ont engagé à rompre le silence auquel je m'étais condamné; je n'attends rien des puissants du jour qui me blâmeront peut-être de l'avoir rompu; n'importe, mon but est de faire taire la calomnie et de rétablir la vérité qu'on cherche à dénaturer dans un intérêt de parti, et je l'atteindrai ce but, dût-il m'en coûter ma fortune et le repos de ma vie.

Si les efforts que j'ai faits pour empêcher le complot d'éclater; si le service que j'ai rendu au pays en paralysant une tentative insensée que je n'ai eu ni le temps, ni les moyens d'arrêter tout-à-fait, n'ont pas empêché M. le chevalier de Broval, directeur général des domaines de la maison d'Orléans, à qui j'avais exposé la conduite que j'avais tenue à Grenoble, de m'admettre en 1816 dans son administration; si, parvenu après 20 ans de services loyaux et utiles à l'emploi supérieur que j'occupe depuis 10 ans dans une administration financière, je dépends en quelque sorte, par ma place, du gouvernement, il ne viendra, j'aime à le croire, à la pensée de personne de supposer que mon langage me soit imposé par ma position officielle. Ce langage n'a jamais varié; ceux qui me connaissent savent si je suis homme à sacrifier mes convictions à mes intérêts, ils savent si j'ai été gâté par les faveurs du pouvoir et si je suis payé pour le flatter.

J. J. JULLIEN,

Ancien employé à l'administration des domaines de la maison d'Orléans; inspecteur divisionnaire des douanes; inspecteur des monuments historiques; correspondant, pour les travaux historiques, des ministères de l'intérieur et de l'instruction publique; membre de l'institut d'Afrique; membre de la société d'agriculture des Basses-Alpes; conseiller municipal de la ville d'Entrevaux; électeur, etc., etc.